¡Nos vemos! 2

Libro del alumno

Eva María Lloret Ivorra
Rosa Ribas
Bibiana Wiener
Pilar Pérez Cañizares

¡Nos vemos! 2

Libro del alumno

Autoras
Eva María Lloret Ivorra
Rosa Ribas
Bibiana Wiener
Pilar Pérez Cañizares

Colaboración
Dr. Margarita Görrissen, Dr. Marianne Häuptle-Barceló

Coordinación editorial y redacción
Mónica Cociña, Pablo Garrido, Dr. Susanne Schauf, Beate Strauß

Diseño y dirección de arte
Óscar García Ortega, Luis Luján

Maquetación
Asensio S.C.P.

Ilustración
Jani Spennhoff, Barcelona

Fotografías
Cubierta Album/Miguel Raurich **Unidad 1** pág. 8 Beowulf Sheehan/writers/Album, Joan Vidal/Album, Album/i15-KPA-ZUMA; pág. 10 Istockphoto; pág. 11 Bibiana Wiener, pág. 14 Istockphoto, Avenue Images, pág. 15 Departamento de Documentación del Diario Vasco, pág. 17 Bibiana Wiener, Javier Aparicio, García Ortega, Istockphoto; **Unidad 2** pág. 20 Istockphoto; pág. 21 Istockphoto; pág. 23 Istockphoto, Archivo Klett; pág. 24 Istockphoto; pág. 25 Departamento de Comunicación Balneario de Mondariz, Aguas de Mondariz; pág. 26 Departamento de Comunicación Balneario de Mondariz; pág. 29 Achivo Klett, Dreamstime; **Unidad 3** pág. 32 mcertou/Flickr, Edith Moreno; pág 33 BIbiana Wiener; pág. 34 Istockphoto, Thinkstock/Getty Images; pág. 36 Archivo Klett; pág. 37 Thinkstock/Getty Images; pág. 38 Istockphoto; pág. 41 Archivo Klett, Age fotostock, joe calhoun/Flickr; **Unidad 4** Museu Fundación Juan March, Palma; **Unidad 5** págs. 48 y 49 Age fotostock, Istockphoto, Archivo Klett; pág. 50 Istockphoto, Archivo Klett, ShutterStock; pág. Album/Martí E. Berenguer; pág. 57 Juan Carlos Guijarro/flickr, Album/Miguel Raurich, Archivo Klett; **Unidad 6** pág. 60 Avenue Images, Istockphoto; pág. 65 Istockphoto; pág. 66 Avenue Images, Istockphoto; pág. 67 MEV Verlag GmbH; pág. 69 wikimedia commons; **Unidad 7** pág. 72 Secretaría General de Turismo; pág. 73 Dreamstime; pág. 74 Daniel Lombraña González/Flickr, ShutterStock; pág. 75 Javier Lopez Bravo/Flickr, Istockphoto, gripso_banana_prune/Flickr; pág. 77 Istockphoto, Thinkstock; pág. 78 Age fotostock; pág. 81 F1 online/Digitale Bildagentur, Archivo Klett, Istockphoto; **Unidad 8** pág. 86 José Morillo; pág. 87 Thinkstock/Getty Images; **Unidad 9** pág. 88 Archivo Klett; págs. 89-92 Luis Cobelo; pág. 94 Carlos Luján/Nophoto; pág. 95 Archivo Klett; pág. 97 Bibiana Wiener, IHQ/Flickr, AFP/Getty Images; **Unidad 10** págs. 100-101 Istockphoto, ShutterStock, Bibiana Wiener; pág. 102 Difusión; pág. 103 Istockphoto, Diario Información Dept. de Publicidad ; pág. 104 Istockphoto, Archivo Klett; pág. 105 Dreamstime; pág. 106 Istockphoto; pág. 109 Istockphoto, Archivo Klett, La Rioja Turismo, Marqués de Cáceres, Avenue Images; **Unidad 11** pág. 112 Istockphoto, ShutterStock; pág. 114 Istockphoto; pág. 116 Archivo Klett; pág. 117 Archivo Klett; pág. 118 MEV Verlag GmbH, ShutterStock; pág. 121 Archivo Klett, Jorge Nava/Flickr, AFP/Getty Images; **Unidad 12** pág. 126 Javier Pierini.

Todas las fotografías de www.Flickr.com están sujetas a una licencia de Creative Commons (Reconocimiento 2.0 y 3.0).

Audiciones CD
Estudio de grabación Tonstudio Bauer GmbH, Ludwigsburg y Difusión.
Locutores José María Bazán, Mónica Cociña, Miguel Freire, Pablo Garrido, Helma Gómez, Pilar Klewin, Lucía Palacios, Ernesto Palaoro, Carmen de las Peñas, Pilar Rolfs, Carlos Segoviano, Teresa Staigmiller, Julia Vigo.

Agradecimientos
Carolina Domínguez, Agustín Garmendia, Edith Moreno, Veronika Plainer, Victoria Senén (Gabinete de Prensa. Fundación Juan March).

Agradecemos especialmente la colaboración en la sección De fiesta de Javier Aparicio, Carmen Barrio de Alarcón, Nieves Castells Fernández, Silvia Colina, Pilar Klewin, Leonor Lemp, Begoña Sáenz, Eva Martínez, Blanca Alicia Merino, Charo Torres Calderón, Virginia Zepeda Villagra.

Queda prohibida cualquier forma de reproducción, distribución, comunicación pública y transformación de esta obra sin contar con autorización de los titulares de propiedad intelectual. La infracción de los derechos mencionados puede ser constitutiva de delito contra la propiedad intelectual (arts. 270 y ss. Código Penal).

¡Nos vemos! está basado en el manual **Con gusto**.
© de la versión original (*Con gusto*): Ernst Klett Sprachen GmbH, Stuttgart 2010. Todos los derechos reservados.
© de la presente edición: Difusión, S.L., Barcelona 2010. Todos los derechos reservados.

Reimpresión: noviembre 2018
ISBN: 978-84-8443-653-9
Depósito legal: B 9447-2013
Impreso en España por Novoprint

Índice

1 Mi equipaje 8

Recursos comunicativos y situaciones
- Expresar preferencias y dificultades al aprender español
- Indicar el material y la función de un objeto
- Describir el carácter de una persona
- Resaltar algo
- Expresar hipótesis y deseo

Dosier: Elaborar un perfil de estudiante

Gramática
- Formas irregulares del pretérito indefinido
- Léxico: Material de oficina
- **Lo (que)**
- Adjetivos en **-or**
- El uso de **hace**, **desde**, **desde hace**

Cultura
- El español como lengua del mundo
- El deportista José Mujika Eizagirre

De fiesta: Costumbres navideñas: las Posadas (México) y los Reyes Magos (España)

2 ¡Qué descanso! 20

Recursos comunicativos y situaciones
- Describir los síntomas de una enfermedad
- Hacer recomendaciones
- Indicar de qué modo se realiza una acción
- Pedir un medicamento en la farmacia
- Describir en el pasado
- Presentar acciones habituales en el pasado

Dosier: Elaborar una guía con remedios caseros

Gramática
- Léxico: Las partes del cuerpo
- **demasiado**, **muy**, **bastante**, **poco**
- Adverbios en **–mente**
- El uso de adjetivos y adverbios
- El imperfecto
- Complementos temporales del pasado (**a los 16 años**, **en los años 80**…)

Cultura
- La siesta
- El balneario de Mondariz (Galicia)
- El baño de Temascal (México)

De fiesta: El carnaval de Oruro (Bolivia) y de Cádiz (España)

3 ¿Te acuerdas? 32

Recursos comunicativos y situaciones
- Hablar de recuerdos de la infancia
- Describir costumbres y sucesos en el pasado
- Contar historias y anécdotas
- Estructurar una historia

Dosier: Escribir una historia en cadena

Gramática
- El uso del indefinido y del imperfecto en una narración
- Conectores (**cuando**, **mientras**…)
- Diminutivos
- Léxico: animales
- El cambio de significado del uso reflexivo y no reflexivo de un verbo

Cultura
- El cuento del ratoncito Pérez

De fiesta: Las Fallas de Valencia

4 Mirador 44

- Similitudes y diferencias culturales
- Autoevaluación teórica y práctica
- Una imagen como actividad de expresión oral
- Aprender a aprender: terapia de errores, inteligencias múltiples

tres | 3

5 Lo quiero todo 48

Recursos comunicativos y situaciones
- Pedir algo en una tienda
- Describir y comprar ropa
- Hablar de los hábitos de compra
- Elegir entre varias cosas
- Describir el inicio, la continuación y el final de una historia

Dosier: Escribir un guión para un diálogo en una tienda

Gramática
- Pronombres indefinidos
- La revisión de los pronombres de objeto directos e indirectos
- Los pronombres de objeto en una oración
- El uso de ¿qué? / ¿cuál?
- Perífrasis verbales: **empezar a**, **dejar de**, **seguir + gerundio**

Cultura
- El Rastro (Madrid)
- La vida del cantante Peret

De fiesta: La Semana Santa en Sevilla

6 ¡Qué amable! 60

Recursos comunicativos y situaciones
- Felicitar
- Aceptar y rechazar una invitación
- Dar un regalo y dar las gracias al recibir uno
- Presentar a alguien
- Ofrecer algo para comer o beber
- Dar permiso

Dosier: Escribir un manual para hispanohablantes que están invitados a una fiesta en un país extranjero

Gramática
- El imperativo afirmativo
- La posición de los pronombres de objeto con el imperativo
- El uso de **ir / venir** y **llevar / traer**
- Apócope y posición de los adjetivos **grande**, **bueno**, **malo**
- El sufijo **-ísimo**

Cultura
- Las invitaciones y sus diferencias interculturales

De fiesta: El Velorio de Cruz de Mayo (Venezuela)

7 Vamos al parque 72

Recursos comunicativos y situaciones
- Organizar una excursión
- Expresar alegría y decepción
- Mantener una conversación telefónica
- Hablar de medidas para proteger el medio ambiente
- Expresar prohibición y obligación
- Describir paisajes

Dosier: Planificar la creación de un parque, dibujarlo y escribir un eslogan

Gramática
- El imperativo negativo
- Los pronombres demostrativos **este**, **ese**, **aquel**
- Los adverbios **aquí / ahí / allí**
- Los pronombres posesivos tónicos (**el mío, el tuyo, el suyo,...**)

Cultura
- El Parque Nacional de Doñana
- El "Parque del amor" en Lima

De fiesta: La noche de San Juan en Galicia

8 Mirador 84

- Similitudes y diferencias culturales
- Autoevaluación teórica y práctica
- Una imagen como actividad de expresión oral
- Aprender a aprender: terapia de errores, estrategias para mejorar la comprensión lectora

9 Proyectos con futuro 88

Recursos comunicativos y situaciones
- Hacer predicciones
- Describir proyectos sociales
- Expresar necesidad
- Expresar hipótesis
- Hacer comparaciones

Dosier: Escribir una carta para ofrecerse como voluntario en un proyecto o asociación

Gramática
- El futuro
- El uso de **ser** y **estar**
- El uso de **estar** en combinación con adjetivos
- El comparativo de igualdad: **tan** y **tanto/-a/-os/-as...como**

Cultura
- El Sistema de Orquestas Infantiles y Juveniles en Venezuela
- El director de orquesta Gustavo Dudamel
- El compromiso social en España

De fiesta: La Verbena de la Paloma (Madrid)

10 Muy informados 100

Recursos comunicativos y situaciones
- Hablar sobre los medios de comunicación
- Opinar sobre los programas de televisión
- Expresar acuerdo, desacuerdo y duda
- Describir un proceso
- Indicar la simultaneidad de dos acciones

Dosier: Hacer una entrevista en clase sobre el uso de los medios

Gramática
- Léxico: Programas de televisión
- El condicional
- Léxico: El ordenador e internet
- El uso de **mismo**
- El uso de las preposiciones **por** y **para**

Cultura
- Los medios de comunicación en España

De fiesta: Las fiestas de la vendimia en La Rioja

11 ¡Buen trabajo! 112

Recursos comunicativos y situaciones
- Describir condiciones laborales
- Actividades en un puesto de trabajo
- Hablar de los factores necesarios para un trabajo ideal
- Escribir una carta de solicitud de empleo
- Hablar del propio historial profesional

Dosier: El álbum de la clase

Gramática
- El pluscuamperfecto
- **Estar** + participio
- Porcentajes, cantidades y números ordinales

Cultura
- Una estadística: La satisfacción de los españoles en su trabajo

De fiesta: El Día de los Muertos en México

12 Mirador 124

- Similitudes y diferencias culturales
- Autoevaluación teórica y práctica
- Una imagen como actividad de expresión oral
- Aprender a aprender: terapia de errores, estrategias para mejorar la expresión oral y la comprensión auditiva

Audios descargables gratuitamente en:
www.difusion.com/nv2_libro

cinco | 5

Estructura de ¡Nos vemos!

¡Nos vemos! es un manual para descubrir el mundo de habla hispana y aprender a comunicarse en muchas situaciones de la vida cotidiana. Al final de este nivel el estudiante habrá alcanzado el nivel A2 del Marco Común Europeo de Referencia para las Lenguas.

Cada unidad tiene la siguiente estructura:

Una página doble de **portadilla** presenta los objetivos, activa los conocimientos previos e introduce el tema de la unidad.

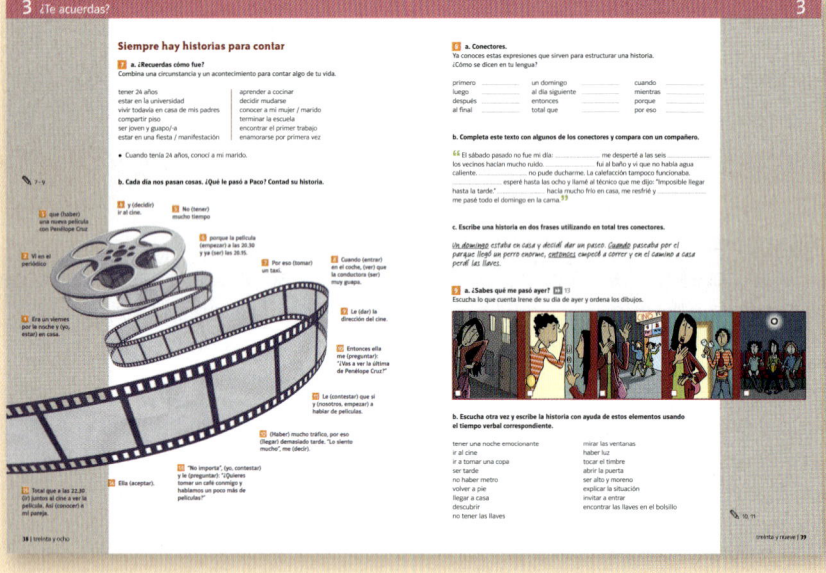

Tres páginas dobles forman el corazón de la unidad. Contienen textos vivos e informativos para familiarizarse con el idioma y actividades para aplicar de inmediato lo aprendido.

Una **tarea final** servirá para convertir los conocimientos adquiridos en algo práctico para la vida real. Junto con sus compañeros, el estudiante elaborará un "producto" que podrá guardar en el dosier de su portfolio.

La clave está en el pasado
Con esta "novela policíaca por entregas" los estudiantes practicarán la comprensión lectora y podrán ejercer como ayudantes de detective para resolver el caso de un robo en un museo.

En el apartado **De fiesta**, toman la palabra personas que cuentan en qué consisten y cómo se viven algunas fiestas y celebraciones en sus respectivos países.

La doble página final es una recopilación de **recursos comunicativos** y **contenidos gramaticales**.

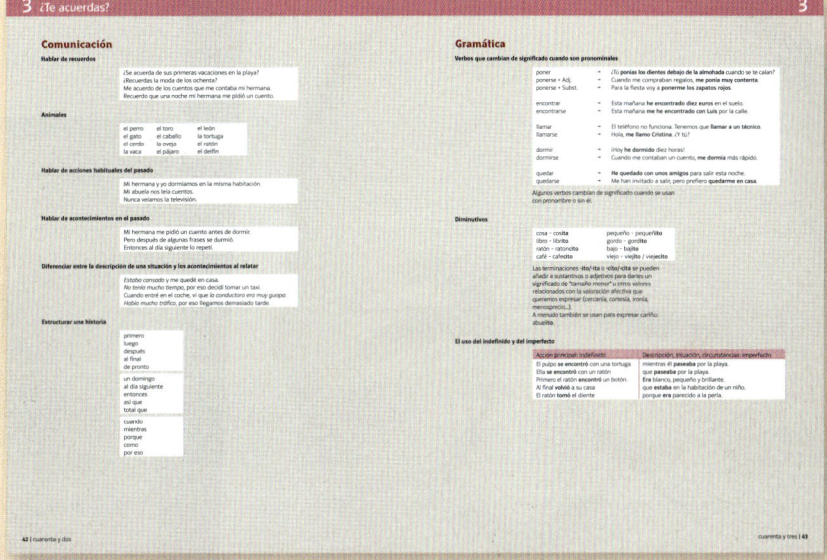

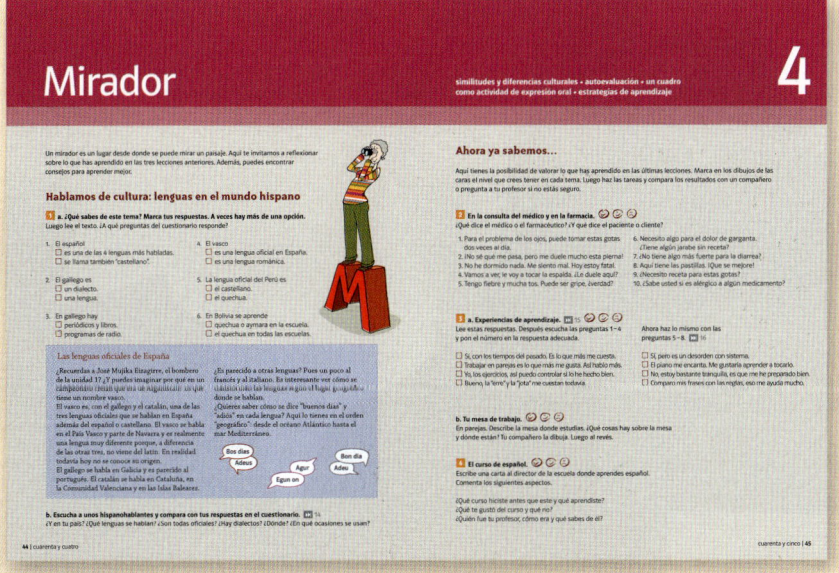

Las unidades 4, 8 y 12 son **unidades de revisión**. Se llaman **Mirador** porque ofrecen una vista global sobre todos los conocimientos lingüísticos y culturales adquiridos. Además, permiten experimentar con las estrategias de aprendizaje y tratar los errores.

Símbolos utilizados en el libro:
- audiciones del libro junto con los números de las pistas del CD
- ejercicio adicional en el Cuaderno de ejercicios
- actividad que implica ir por la clase y preguntar a varios compañeros

siete | 7

Mi equipaje

Umberto Eco, escritor y filósofo italiano

Gwyneth Paltrow, actriz estadounidense

1

hablar de experiencias, preferencias y dificultades relacionadas con el aprendizaje del español • describir el carácter de una persona • expresar deseos • nombrar el material del que están hechas las cosas y su función • resaltar algo

Viggo Mortensen, actor estadounidense

1 a. Estas personas han aprendido español. ¿Las conoces?

b. ¿Quién habla en este texto?
¿Qué información te ha ayudado a identificar a la persona?
¿Por qué le gustan los hispanohablantes?
¿Piensas lo mismo?

c. Y tú, ¿por qué estudias español?
¿Dónde has estudiado español hasta ahora?
¿Qué esperas hacer en este curso?

"Creo que lo aprendí porque me gusta mucho como suena el idioma y me gustan las personas que lo hablan… En el colegio, con sólo 15 años, tuve la oportunidad de ir a estudiar a España. Para mis padres fue una sorpresa, pero me dejaron ir. Estudié en Talavera de la Reina, una pequeña ciudad en la provincia de Toledo, cerca de Madrid. Viví con una familia española, gente sensacional. Hasta hoy tengo contacto con ellos. Los visito todos los años. Aquella época fue muy feliz, aprendí a conocer y a amar el carácter de los españoles y los latinos en general. También me gusta mucho América Latina, especialmente nuestro país vecino, México. He estado varias veces allí y es un país precioso.
Me gustan el español y los hispanohablantes porque son gente muy abierta, muy cariñosa y sobre todo muy espontánea. Esa naturalidad, el saber vivir, es para mí algo maravilloso."

Adaptado de Vanidades

nueve | 9

1 Mi equipaje

Mi maleta del español

2 a. ¿Sabes cuántas personas hablan español en el mundo?
¿Y cuánta gente estudia esta lengua? ¿En qué países viven más hispanohablantes?
Lee el texto y completa los datos.

El español en el mundo	
Hispanohablantes	Estudiantes de español
en el mundo:	en el mundo: ....
en España:	en EE. UU.: ....
en México:	en Brasil: ....
en EE. UU.:	en Alemania: ....

El valor del español

El español ocupa un lugar muy importante como lengua de comunicación internacional: es la cuarta lengua más hablada en el mundo después del chino, el inglés y el hindi. Pronto el número de hispanohablantes va a ser de 500 millones. El país con el mayor número de hispanohablantes es México, con más de 90 millones. El segundo, Estados Unidos, donde ya viven 45 millones de hispanohablantes. En tercer lugar está España, con 40 millones.
En la actualidad unos 14 millones de alumnos en el mundo estudian español como lengua extranjera. El mayor número está en el continente americano con cerca de siete millones de estudiantes en total, seis millones en Estados Unidos y uno en Brasil. En el resto del mundo el número de estudiantes es cada día mayor. Por ejemplo, en Alemania estudian español unas 450 000 personas. Es comprensible si pensamos que el español es el vehículo para llegar al rico patrimonio cultural de España y Latinoamérica.

datos extraídos de la Enciclopedia del español en el mundo *del Instituto Cervantes*

b. Un poco de matemáticas.
¿Cuántos millones de personas en el mundo hablan y estudian español en total?
¿Cuántas personas hablan español en los tres países con más hispanohablantes?

3 a. Experiencias con el español.
Todos llegamos al curso con una "maleta de conocimientos" sobre el español.
¿Qué traemos en ella? Pregunta a tres compañeros.

¿En qué año empezaste a estudiar español? ¿Dónde?
¿Recuerdas las primeras palabras que aprendiste?
¿Qué palabras te parecen difíciles de pronunciar en español?
¿Has aprendido alguna vez una frase de memoria?
¿Cuál es el aspecto gramatical más difícil para ti?
¿Puedes mencionar un aspecto cultural interesante?
¿Practicas español también fuera de la clase?
¿Cuándo fue la última vez que hablaste con un hispanohablante?

b. Ahora presenta algunas respuestas interesantes a la clase.

¿Recuerdas el indefinido?	
hablé	aprendí
hablaste	aprendiste
habló	aprendió
hablamos	aprendimos
hablasteis	aprendisteis
hablaron	aprendieron

4 a. Mis preferencias.
Ordena las actividades de clase según tus preferencias de 1 (más) a 9 (menos).

☐ hablar con mis compañeros/-as   ☐ escuchar el cedé   ☐ escribir textos
☐ hacer ejercicios de gramática   ☐ trabajar en parejas   ☐ leer textos
☐ actividades con movimiento   ☐ buscar una regla   ☐ hacer juegos

¿Recuerdas?
- Me gusta…
  ○ A mí también. / A mí no.
- No me gusta…
  ○ A mí tampoco. / A mí sí.

b. Presenta ahora tus preferencias según el modelo. Tus compañeros reaccionan.

expresar preferencias y dificultades	
Me gusta…	Lo que más me gusta es leer textos.
Me aburre…	Lo que me aburre es hacer ejercicios.
Me cuesta…	Lo que me cuesta son los pronombres.
Me parece fácil / difícil…	Lo que me parece fácil es escribir.

- Me cuesta mucho leer en voz alta.
○ Pues a mí no. Lo que me parece difícil es entender el cedé.

✏ 1–3

Dime dónde estudias y te digo cómo eres

5 a. ¿Cómo se llaman estos objetos?
Pon los números en las casillas correspondientes. ¿Cuáles tienes en tu escritorio o usas para estudiar?

☐ bolígrafo
[6] lápiz
☐ marcador
☐ clip
☐ cuaderno
[1] tijeras
☐ libros
☐ goma de borrar
☐ hojas de papel
[☒] diccionario
☐ carpeta

b. Describir objetos. Completa con un ejemplo para cada material y función.

Es…	Sirve para…	
de papel	escribir *bolígrafo*	guardar papeles ....
de metal	cortar	buscar palabras ....
de plástico	borrar	marcar textos ....
de madera	dibujar	tomar notas ....

c. Elige tres objetos de la foto y descríbelos. Tu compañero adivina cuáles son.

✏ 4

once | 11

1 Mi equipaje

Los adjetivos que terminan en **-or** forman el femenino con **-ora**:
trabajador - trabajadora
hablador - habladora

Soy $\begin{bmatrix} \text{demasiado} \\ \text{muy} \\ \text{bastante} \\ \text{un poco} \end{bmatrix}$ impaciente.

No soy nada impaciente.

 5, 6

6 a. Escucha a tres personas. ¿De quién crees que es el escritorio de la foto? ▶▶ 1–3

b. Escucha otra vez. ¿Cómo son las personas? Anota tres adjetivos para cada una.

caótico | creativo | comunicativo | desordenado | disciplinado | espontáneo | hablador | impulsivo | ordenado | sistemático | paciente | perfeccionista | trabajador | tranquilo | reservado

El hombre es ....
La mujer mayor es ....
La mujer joven es ....

c. ¿Qué tipo de estudiante eres?
Marca con una cruz cómo te ves a ti mismo y coméntalo después con un compañero.

paciente		impaciente
ordenado		desordenado
sistemático	x	caótico
comunicativo		reservado

● Yo creo que soy bastante paciente, pero no muy sistemático.

7 a. ¿Dónde y cómo estudias español?
Describe tu lugar de estudio y elige tres adjetivos que caracterizan tu forma de estudiar.

b. Para tener éxito.
No existe la receta mágica para aprender español, pero sí conocemos algunos de sus ingredientes. ¿Qué porcentaje piensas que tienes de estas cualidades? Si quieres, puedes añadir más ingredientes.

Y lo más importante: ¡un litro de diversión!

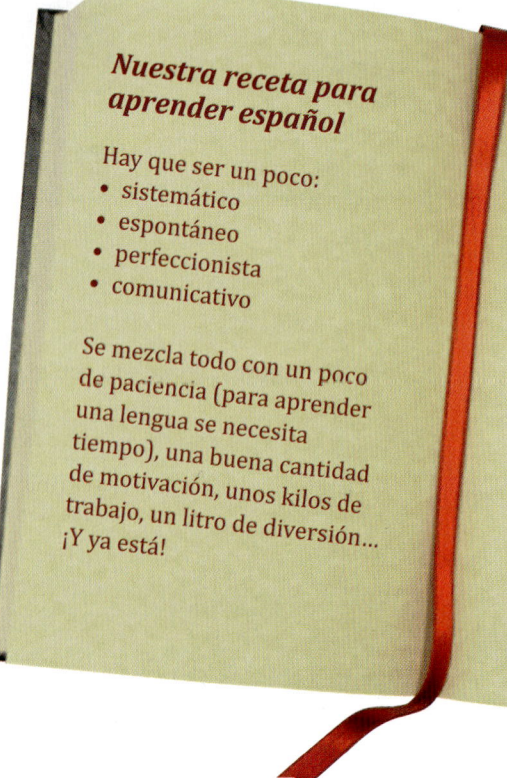

Nuestra receta para aprender español

Hay que ser un poco:
- sistemático
- espontáneo
- perfeccionista
- comunicativo

Se mezcla todo con un poco de paciencia (para aprender una lengua se necesita tiempo), una buena cantidad de motivación, unos kilos de trabajo, un litro de diversión… ¡Y ya está!

8 **a. Una canción de desamor.**
Noche, pasión, gramática, amor, guitarra, sol, verbo. Sin leer el texto, ¿cuáles de estas palabras crees que van a aparecer en la canción?

b. Escucha y completa la canción con las palabras que faltan. ▶▶ 4

Fue amor desde el primer día.
Te conocí y me apasioné.
Te di mis días, mis ...noches..., mis horas.
Todo, todo esto te di.

Cada noche vine a verte
Y trabajé sólo para ti,
Quise estudiarte y conocerte,
Y ahora te ríes de mí.

Todo, todo, todo esto te di.
Ahora me dices que hay otros.
Pero yo voy a seguir.
Todo, todo, todo esto te di.
No tengo miedo al pasado
Por eso voy a seguir.

Puse todo mi ...trabajo...
Para poderte comprender
Y ahora me dices que hay otros
Otros ...verbos... que aprender.

Porque es que sin ti, ...gramática...
Yo ya no puedo vivir
Con o sin ...irregulares...
Lo tengo que conseguir.

Todo, todo, todo esto te di.
Ahora me dices que hay otros.
Pero yo voy a seguir.
Todo, todo, todo esto te di.
No tengo miedo al pasado
Por eso voy a seguir.

c. ¿Quién es el/la amante? ¿Puedes poner un título a la canción?

d. En la canción hay algunas formas irregulares del indefinido. ¿Cuáles son?
La tabla te sirve de ayuda. ¿Cuál es el infinitivo?

	tener
yo	tuv**e**
tú	tuv**iste**
él / ella / usted	tuv**o**
nosotros/-as	tuv**imos**
vosotros/-as	tuv**isteis**
ellos / ellas / ustedes	tuv**ieron**

Infinitivo	Raíz	Terminación
estar	**estuv-**	e
poder	**pud-**	iste
poner	**pus-**	o
hacer	**hic-**	imos
querer	**quis-**	isteis
venir	**vin-**	ieron

decir: dije, dijiste, dijo…
dar: di, diste, dio…
ver: vi, viste, vio…
ser / ir: fui, fuiste, fue…
hacer: hice, hiciste, hizo…

Estos verbos irregulares en indefinido tienen raíces diferentes, pero las terminaciones son iguales para todos.

e. Gimnasia verbal de indefinidos irregulares.
En cadena. Uno dice una de estas expresiones en infinitivo y un pronombre.
La persona siguiente la dice en indefinido y luego elige otra expresión.

tener miedo | dar un paseo | estar cansado | poner la mesa | hacer la maleta |
decir la verdad | ver la tele | venir a clase | no poder dormir | ir de vacaciones

● Tener miedo, vosotros.
○ Tuvisteis miedo. Decir la verdad, tú.

✎ 7

trece | 13

1 Mi equipaje

9 **En parejas. Una entrevista a tu compañero.**
Formula las preguntas y al final elige dos informaciones para presentarlas.

- hacer un examen el curso pasado
- aprender a hacer algo nuevo el año pasado
- estar en un país hispanohablante el año pasado
- ver una película en español el mes pasado

• ¿Hiciste un examen el curso pasado?

Lo aprendí hace poco tiempo

10 a. Escucha y relaciona los textos con las fotos. 5–7
Luego escucha otra vez y completa la tabla.

 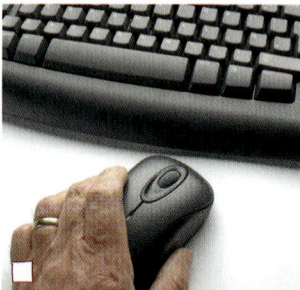 

	¿Qué aprendiste?	¿Cuándo lo aprendiste?	¿Con quién?	¿Dónde?
1. Ana				
2. Eric				
3. Eva				

¿Recuerdas?

hace ⎡ dos días
       ⎢ un mes
       ⎣ unos años

Two days ago
A month ago
Some years ago

b. Con ayuda de la tabla, resume en una frase la experiencia de cada persona.

c. Marca las informaciones correctas y corrige las falsas.
Luego subraya en estas frases las expresiones de tiempo. ¿Cómo se traducen a tu lengua?

1. ☐ Ana practica su deporte favorito desde hace cinco años. *(in present tense) For five years*
2. ☐ Ana está casada con su entrenador desde hace un año. *trainer*
3. ☐ Eric toca la guitarra desde 2009. *= since*
4. ☐ Hace seis meses Eva decidió aprender a utilizar el ordenador.

desde + punto en el tiempo	desde hace + cantidad de tiempo
desde + el martes / 2006	desde + hace dos días / hace unos años

8–10

d. **Me gustaría aprender a bailar.**
En la infancia aprendemos muchas cosas, pero también de adultos podemos aprender cosas nuevas. Además de español, ¿qué otras cosas te gustaría aprender?

tocar un instrumento | jugar al ajedrez | conducir una moto | cocinar | bailar flamenco o salsa | pintar | esquiar | bucear | ...

Me gustaría + Infinitivo
Me gustaría aprender a pintar.

14 | catorce

"Aprendí a nadar a los 30 años y hoy gano medallas"

José Mujika Eizagirre es bombero en San Sebastián y además un gran deportista. En los campeonatos mundiales de bomberos del año 2008 en Liverpool ganó tres medallas de oro en natación.

José, todos sabemos que los bomberos están muy en forma, pero ganar medallas ya es algo especial, ¿no?
Bueno, yo siempre he practicado mucho deporte, pero curiosamente aprendí a nadar muy tarde. La mayoría de la gente lo aprende en la infancia, pero yo lo hice a los 30 años cuando entré en los bomberos en 1993.

¡No me digas! ¿Cómo fue la experiencia?
Fue un poco difícil: tuve que superar el miedo al agua y, claro, la vergüenza. Pero encontré un profesor excelente que me ayudó mucho. Con su ayuda aprendí muy rápido. Me sentí muy orgulloso porque muchas veces se piensa que los adultos no pueden aprender estas cosas, pero nunca es demasiado tarde. Ahora me encanta nadar y desde hace tres años nado tres horas todos los días para entrenarme.

¿El campeonato en Liverpool fue tu primer campeonato?
No, el primero fue en 2006 en Australia y el segundo en 2007 en Canadá.

Tienes una anécdota simpática. ¿Nos la cuentas?
Sí. Como mi apellido suena un poco extraño, cuando gané una de las medallas escribieron como nacionalidad Afganistán.

Adaptado del *Diario Vasco*

11 a. Lee la entrevista y marca la respuesta correcta.

1. José Mujika participó por primera vez en un campeonato…
   ☐ en 1993.   ☑ en 2006.   ☐ en 2008.
2. Los mundiales de natación en Liverpool fueron su … campeonato.
   ☐ primer   ☐ segundo   ☑ tercer
3. Ganó tres medallas de oro en…
   ☐ Australia.   ☑ Inglaterra.   ☐ Afganistán.

b. Marca en el texto todas las expresiones que se refieren al tiempo y completa estas informaciones con las expresiones adecuadas.

1. José Mujika es bombero ……*desde*…… 1993.
2. Aprendió a nadar muy tarde, …*a los treinta*… años.
3. ……*Desde*…… 2006 participa todos los años en campeonatos de bomberos.
4. Ganó tres medallas de oro en 2008, es decir, …*hace once*… años.
5. …*Desde hace*… tres años nada todos los días unas tres horas.

c. Escríbele un correo electrónico a un amigo.
Tienes una amigo de 40 años que quiere aprender a nadar. Para motivarlo, escríbele contando la experiencia de José.

12 Piensa en dos experiencias de aprendizaje. Después se comentan entre todos.

- algo que aprendiste muy joven
- algo que aprendiste muy tarde
- algo que aprendiste muy rápido
- algo que te costó mucho aprender

✎ 11, 12

1 Viaje al español

Portfolio
Guarda tu perfil y el resumen en la carpeta de tu dosier.

Tarea final El equipaje de la clase

El perfil de nuestro grupo.

1. Completa tu perfil como estudiante de español. Después, los perfiles se exponen en el aula.

2. Se forman tres grupos. Cada grupo se concentra en uno de los tres aspectos y hace un resumen de la información más importante.

   Grupo 1:
   ¿Qué saben ya?

   Grupo 2:
   ¿Qué quieren aprender?

   Grupo 3:
   ¿Qué les cuesta más o menos?

3. Los grupos presentan sus resultados.

MI PERFIL

Estudio español desde
....
y empecé en (dónde)
....

1 Creo que ya sé…
....
....

2 Quiero aprender…
....
....

3 Me cuesta mucho…
....
pero no me cuesta…
....

La clave está en el pasado

Este es el primer capítulo de una historia misteriosa que sigue en cada lección. Para aclarar el misterio necesitamos tu ayuda. ¿Quieres participar?

Capítulo 1: Se busca asistente

Me presento: me llamo Alba Serrano y soy detective privada. Trabajo en Barcelona en mi propia agencia, "Te veo. Detectives".
La semana pasada, el jueves por la mañana, recibí una llamada del director del Museo de la Ciencia de Barcelona.
– Agencia de detectives "Te veo". Habla usted con Alba Serrano. Dígame.
– Señora Serrano, necesito sus servicios.
– ¿De qué se trata?
– Un robo. Un documento muy valioso. Pero no quiero contarlo por teléfono. ¿Puede venir?
– Claro.
Salí de mi oficina. Tomé un taxi y llegué sólo media hora más tarde al museo. En su oficina el director me dio más detalles.

– ¿Es un documento importante?
– Muy importante. Es "la fórmula". Sin ella no es posible aprender lenguas.
– ¡Qué horror!
– Sí, es terrible.
El director me miró y me preguntó:
– ¿Acepta el caso, señora Serrano?
– Por supuesto.
Está claro que no puedo trabajar sola en este caso porque es muy complicado. Necesito un asistente. ¿Quieres serlo tú?

Escribe un currículum: nombre, cuándo y dónde naciste, dónde fuiste a la escuela, cuándo empezaste a aprender español… ¿Por qué eres tú mi asistente ideal? Menciona tres cualidades.

De fiesta

La Navidad

La Navidad tiene en todos los países hispanohablantes un carácter festivo y alegre. Se decora la casa con el árbol de Navidad y el belén; se comen dulces típicos y hay mucha alegría. Pero en cada país hay algo especial.

un belén

Virginia Zepeda, profesora de español, es de México, D.F. y nos habla de una tradición navideña mexicana. "Las posadas se celebran entre el 16 y el 24 de diciembre. Durante esos días en cada casa se prepara comida para la gente que pide "posada", es decir comida y casa. Esta tradición simboliza la peregrinación a Belén de San José y la Virgen María. En realidad, la fecha de las posadas coincide con una celebración prehispánica azteca en honor al sol, que después se cristianizó.

Las personas que piden posada pueden ser familiares, amigos o vecinos. A casa de mis padres van también sus compañeros de trabajo. Los que piden posada cantan canciones tradicionales, y los dueños de la casa los invitan a comer. Para mí son recuerdos hermosos de mi infancia y creo que también muestra la hospitalidad de los mexicanos."

"Hola, me llamo Javier y soy profesor de español. Os voy a contar cómo es la fiesta de los Reyes Magos en España, quizás la más bonita para los niños. Tradicionalmente los Reyes Magos, Melchor, Gaspar y Baltasar, traen los regalos a los niños. El día de Reyes es el día 6 de enero, pero la fiesta empieza ya el día 5 con la cabalgata, que es el desfile de los Reyes por la ciudad. Hay una en cada ciudad, y los niños salen a la calle a recibir a los Reyes. En mi ciudad, Madrid, la cabalgata es muy grande, con camellos de verdad. Los Reyes recorren muchas calles y regalan caramelos a los niños. Es una fiesta preciosa y los niños están alegres y emocionados. Algunos entregan cartas a los Reyes para decirles qué regalos desean. Yo todavía recuerdo mis cartas: "Queridos Reyes Magos: Este año he sido muy bueno…" Después de la cabalgata, los niños se acuestan. Antes dejan comida para los Reyes y agua para los camellos en la puerta. Todos intentan no dormir para poder verlos cuando entran en la casa a dejar los regalos. Pero nunca lo consiguen, y así conservan la ilusión un año más."

cabalgata de los Reyes Magos en España

- ¿Existe la tradición de los Reyes Magos en tu país? ¿Qué hacen?
- ¿Cómo celebras tú la Navidad y la Nochevieja? ¿Dónde? ¿Con quién? ¿Se come algo especial? ¿Se hacen regalos? ¿A quién?

1 Mi equipaje

Comunicación

Expresar preferencias y dificultades

Me gusta…
No me gusta mucho…
Me cuesta…

Me aburre…
Me parece fácil / difícil…
Lo que más me cuesta es…

Actividades en clase

leer textos
escribir textos
buscar una regla de gramática

escuchar el cedé
hacer ejercicios / juegos
trabajar en parejas / en grupos

Indicar el grado

Soy [demasiado / muy / bastante / poco] paciente.

No soy nada creativo.

Indicar el material del que están hechas las cosas

Es [de papel. / de metal. / de plástico. / de madera.]

Indicar la función

El bolígrafo sirve para escribir.
Las tijeras sirven para cortar.
La goma sirve para borrar.
El lápiz sirve para dibujar.

Resaltar algo

Lo que me gusta son los textos.
Lo que más me cuesta son los pronombres.
Lo que menos me interesa es la gramática.
Lo más difícil es hablar.

Adjetivos para describir el carácter

ordenado/-a ↔ desordenado/-a
sistemático/-a ↔ caótico/-a
paciente ↔ impaciente
comunicativo/-a ↔ reservado/-a

perfeccionista
creativo/-a
impulsivo/-a
trabajador/a

Expresar deseos

Me gustaría aprender a pintar.
Me gustaría aprender chino.
¿Te gustaría estudiar en España?

Gramática

Lo (que)

> **Lo** mejor de la clase es la pausa.
> **Lo** más interesante son los juegos.
> No entiendo **lo que** dice el profesor.
> **Lo que** más / menos me gusta es leer.

Adjetivos acabados en -or

> Un chico trabajador.
> Alumnos trabajador**es**.
> Una chica trabajador**a**.
> Alumnas trabajador**as**.
>
> Los adjetivos en **–or**
> forman el femenino en **–ora**.

Hace, desde, desde hace

hace + cantidad de tiempo	**desde** + punto en el tiempo	**desde** + **hace** + cantidad de tiempo
hace + algunos días / dos semanas / un mes / tres años	desde + ayer / el lunes / el 3 de abril / 2008	desde + hace + algunos días / dos semanas / tres meses / un año

Con **hace** expresamos el tiempo que ha transcurrido con respecto a una acción en el pasado:
Empecé a estudiar español **hace** cinco años.

Con **desde** nos referimos a un momento concreto en el pasado que presentamos como punto de partida de una acción o un estado. Con **desde hace** expresamos la cantidad de tiempo transcurrida desde el punto de partida:
Estudio español   **desde** abril de 2009.
                  desde hace un año.

Formas irregulares del pretérito indefinido

	tener
yo	tuv**e**
tú	tuv**iste**
él / ella / usted	tuv**o**
nosotros/-as	tuv**imos**
vosotros/-as	tuv**isteis**
ellos / ellas / ustedes	tuv**ieron**

infinitivo	raíz	terminaciones
estar	**estuv-**	e
poder	**pud-**	iste
poner	**pus-**	o
hacer	**hic-**	imos
querer	**quis-**	isteis
venir	**vin-**	ieron

decir	dar	ver
dije	di	vi
dijiste	diste	viste
dijo	dio	vio
dijimos	dimos	vimos
dijisteis	disteis	visteis
dijeron	dieron	vieron

La raíz de los verbos irregulares es diferente, las terminaciones son iguales para todos.
En algunas formas verbales se producen cambios ortográficos para mantener la pronunciación original: hacer: hice, hiciste, hi**z**o…
Ocurre lo mismo con algunas formas de verbos regulares: buscar: bus**qu**é, buscaste…; empezar: empe**c**é, empezaste…
Los verbos **decir**, **traer** y los que terminan en **-ducir** pierden la **i** en la tercera persona del plural (ellos): dij~~i~~eron.

diecinueve | **19**

¡Qué descanso!

EN BUENAS MANOS
tu centro de salud, descanso y belleza

¿Conoce usted el tratamiento con piedras calientes? Después de un masaje, unas piedras calientes en la espalda ayudan a relajarse y a olvidar los problemas del día.

La acupuntura en la oreja ayuda a no fumar. Es una terapia tradicional y efectiva: 5 ó 6 sesiones de acupuntura son suficientes.

Para la piel ofrecemos maravillosos tratamientos con chocolate. Un tratamiento de chocolate por todo el cuerpo relaja y ayuda a dormir mejor. ¡Y no engorda!

Después del deporte, lo mejor es un buen masaje en las piernas. Para deportistas profesionales y también para aficionados. Después de la maratón, del fútbol con los amigos o del tenis con la familia.

Si desea cuidar la piel de la cara y a la vez relajarse, le recomendamos una de nuestras máscaras con productos naturales.

¿Está cansado? ¿Tiene estrés? ¿Por qué no prueba la reflexoterapia? Es un masaje de pies que activa todo el cuerpo. También ofrecemos reflexoterapia de manos.

descubrir los síntomas de una enfermedad • indicar de qué modo se realiza una acción • comprar en la farmacia • describir en el pasado • presentar acciones habituales en el pasado • las partes del cuerpo

2

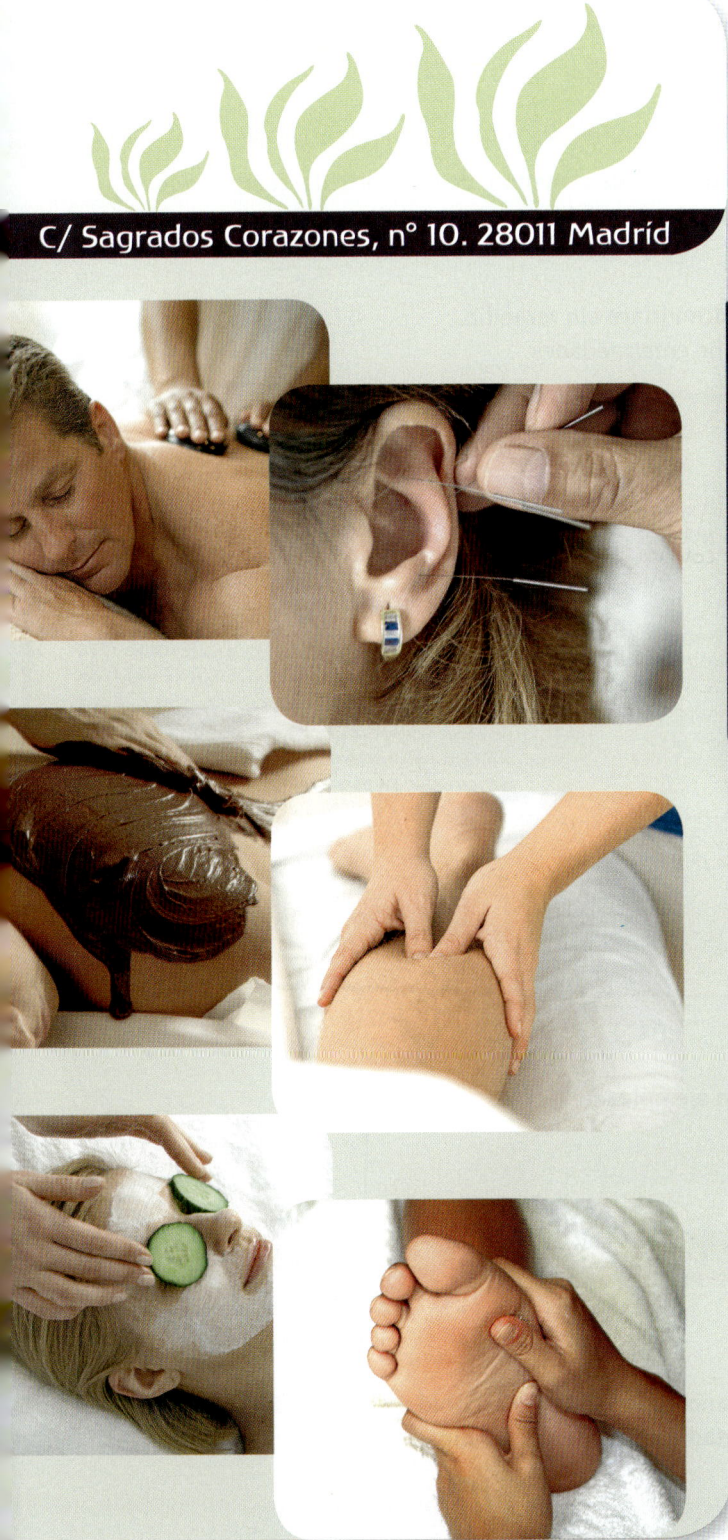

C/ Sagrados Corazones, nº 10. 28011 Madrid

1 **a. El centro EN BUENAS MANOS ofrece muchas posibilidades para relajarse.** Lee el folleto y subraya las partes del cuerpo que se mencionan. ¿Cuántas encuentras? ¿Coincides con tus compañeros?

En español   En mi lengua

b. Tienes un cheque regalo para uno de estos tratamientos. ¿Cuál eliges? ¿Por qué?

veintiuno | 21

2 ¡Qué descanso!

Me duele todo

2 a. Completa con las partes del cuerpo que recuerdas.

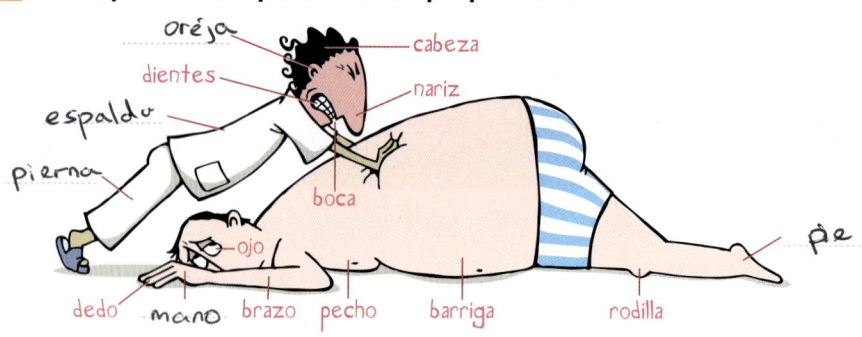

b. Gimnasia de vocabulario.
Toda la clase se levanta. Vuestro profesor dice el nombre de una parte del cuerpo y todos la señaláis en vuestro cuerpo lo más rápido posible.

3 a. El diario de Prudencio, hipocondríaco sin remedio.
Lee el diario y marca los síntomas de enfermedades.

Lunes
Querido diario: estoy muy mal, tengo fiebre y me duele la cabeza. El médico dice que es sólo un resfriado, pero yo sé que es algo grave. Ay, ay, ay. cold

Martes
Querido diario: nadie me comprende. Me duele la garganta, tengo tos y ahora, además, me duele el estómago. El médico dice que es porque tomo demasiadas aspirinas, pero creo que es algo grave.

Miércoles
Querido diario: hoy me duele la espalda. El médico dice que es porque trabajo todo el día en la oficina y me recomienda hacer deporte.

Jueves
Querido diario: hoy no me puedo mover. Estoy fatal. Me duele todo el cuerpo, incluso me duelen los pies. El médico dice que he hecho demasiado deporte. ¡Quiero curarme!

Viernes
Querido diario: hoy no me duele nada. Eso me preocupa. No sé qué piensa el médico. He llamado a la consulta del doctor Galeno para pedir hora, pero su asistente dice que no está, que se ha ido a un balneario para descansar porque tiene mucho estrés con algunos pacientes. ¡Qué extraño! El lunes voy a buscar otro médico.

¿Recuerdas?

nadie
nada
nunca

Nadie me comprende.
Hoy **no** me duele **nada**.
No voy **nunca** a la playa.

Si **nada**, **nadie** o **nunca** van después de un verbo, tiene que ir un **no** delante de este.

b. Completa la siguiente tabla con ejemplos del texto.

hablar de problemas de salud	
• ¿Qué te / le pasa? • ¿Qué te / le duele?	○ Tengo .... ○ Me duele It hurts then use body part ○ Me duele**n** .... ○ Estoy ....

tener
- fiebre
- gripe ← flu
- tos
- diarrea
- alergia a…

estar
- enfermo/-a
- resfriado/-a
- nervioso/-a
- bien / mal / fatal

c. En parejas. Elegid un día del diario de Prudencio y escribid un posible diálogo entre él y su médico. Después representadlo ante vuestros compañeros.

22 | veintidós

Sana, sana, colita de rana

4 **a. ¿Qué haces tú en estos casos? ¿Puedes añadir más consejos?**

Si me duele la cabeza, …	bebo zumo de limón caliente.
Si tengo fiebre, …	me quedo en la cama.
Si tengo gripe, …	tomo una infusión de hierbas.
Si tengo tos, …	bebo zumo de cebolla con azúcar.
Si estoy nervioso/-a, …	tomo una aspirina.
Si…	…

¿Recuerdas?

Me
Te
Le   duele la cabeza.
Nos
Os
Les

b. Prudencio va a la farmacia para comprar algunos medicamentos. ▶▶ 8
Escucha el diálogo y marca lo que compra.

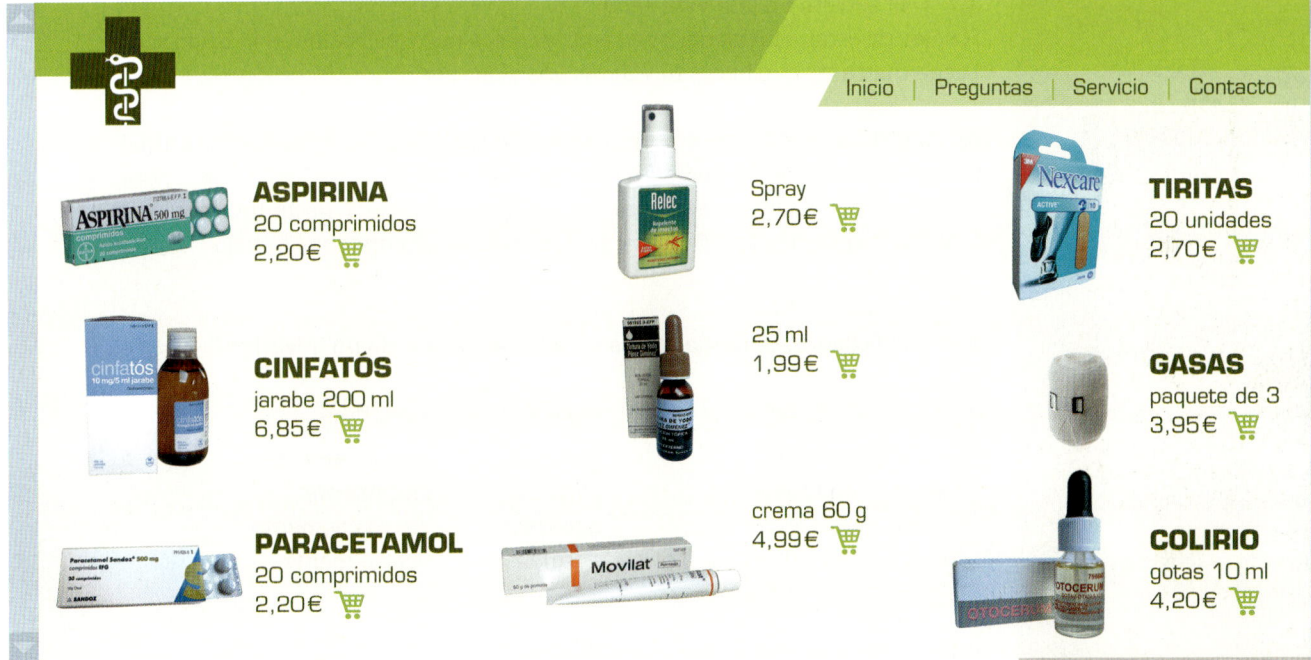

c. Escucha otra vez y marca las expresiones que escuchas.

en la farmacia

- Necesito algo para el dolor de cabeza.
- ¿Tienen algo para…?
- Me duele la garganta, ¿qué me recomienda?
- ¿No tiene algo más fuerte?

○ Puede tomar…
○ ¿Por qué no toma…?
○ Conviene tomar estas pastillas.
○ Para eso se necesita receta.

d. Vamos a dar consejos.
En grupos de tres: médico, naturista y paciente. El médico y el naturista tienen que dar un consejo al paciente, que elige el que más le gusta.

- Me duele la cabeza.
○ ¿Por qué no toma una aspirina?
■ ¿Y si bebe una infusión de hierbas?

✎ 2-5

veintitrés | **23**

2 ¡Qué descanso!

5 **a. Estas actividades pueden producir estrés.**
Añade una más y ordénalas de 1 (menos) a 8 (más estrés).

- ☐ trabajar doce horas al día
- ☐ viajar en avión
- ☐ conducir por la ciudad
- ☐ organizar una fiesta
- ☐ cocinar
- ☐ hablar por teléfono en español
- ☐ ir al dentista
- ☐ …

b. En cadena. Cada uno comenta un ejemplo de la lista y el que ha añadido.
¿Cuál es el factor que produce más estrés para la clase?

● Cocinar me produce mucho estrés, hablar con el jefe, poco.

6 **a. El secreto de una vida sana.**
¿Cuáles de estas actividades son sanas y cuáles no? Clasifícalas en la balanza.
Luego marca las que haces tú. ¿Llevas una vida sana?

hacer deporte regularmente | tomar mucho café | fumar | dormir la siesta |
comer frecuentemente pescado | pasear tranquilamente | dormir pocas horas |
ir a la sauna regularmente | escuchar música agradable | hacer todo con prisa |
tomar una copa de vino diariamente | pensar solamente en el trabajo

Los adverbios terminados en **-mente** se forman a partir de la forma femenina del adjetivo. Algunos adjetivos de uso frecuente se pueden emplear también como adverbios:
Voy rápido / rápidamente.

✎ 6

b. Mira el cuadro. ¿Cuándo se usa un adjetivo y cuándo un adverbio?

	adjetivo	adverbio
un paseo tranquilo	tranquil**o**	tranquil**amente**
pasear tranquilamente	lent**o**	lent**amente**
comida rápida	agradable	agradable**mente**
comer rápidamente	normal	normal**mente**

c. La siesta, una costumbre muy relajante.
¿Adjetivo o adverbio? Lee el texto y tacha la forma falsa.

Volver a la "spanish siesta"

Durante mucho tiempo la siesta, es decir, la costumbre española de dormir después de comer, tuvo muy mala fama: "Es perder el tiempo", "No es productiva"… Pero ahora se ha demostrado científico / científicamente que la siesta es más que una costumbre agradable / agradablemente , es también una costumbre sana / sanamente . Según un estudio de la Universidad de Harvard, 40 minutos de siesta mejoran la productividad de una persona en el trabajo en un 34 %. Los expertos de esta universidad lo llaman "power nap". En algunas empresas de los Estados Unidos hay habitaciones para dormir unos minutos. Pero no es necesario tener una cama cómoda / cómodamente para la siesta: dormir en un sillón basta para descansar y tener otra vez energía suficiente / suficientemente . ¿Hay alguna diferencia entre "siesta" y "power nap"? No. Pero si lo dice Harvard, parece verdad y si lo dice Pepe Martínez, no.

Adaptado de Fernando Trías de Bes en El País

Antes y ahora: el balneario de Mondariz

7 **a. ¿Conoces alguna ciudad famosa por su balneario?**
¿Has ido alguna vez? ¿Por qué va la gente?

b. Lee el artículo y marca las informaciones sobre el tipo de público y los tratamientos.

El balneario de Mondariz

El balneario de Mondariz se encuentra en la provincia de Pontevedra, en un paisaje de bosques y montañas. Y muchas fuentes. El agua, muy rica en minerales, es la gran riqueza de esta zona y la razón de su fama.
Ya desde su fundación en 1874, la gente iba a Mondariz para disfrutar de las aguas medicinales. En esa época, los balnearios eran lugares exclusivos y los clientes eran personas ricas que podían pagar esos lujos. Las curas en el balneario eran muy variadas: los pacientes paseaban por los bosques y jardines, hacían ejercicio, se bañaban en aguas termales y, sobre todo, bebían las aguas medicinales.
Muchos visitantes del balneario se alojaban en el Gran Hotel, un alojamiento de lujo que ofrecía un servicio exquisito.
En la actualidad Mondariz combina su larga tradición de balneario con terapias actuales y las ofertas de tiempo libre que piden los clientes de hoy.

c. ¿Cuáles de las siguientes personas están en el balneario de Mondariz?

1. "Estamos muy bien aquí. Nos bañamos en aguas termales y bebemos mucho."
2. "Esto es un paraíso: playa, sol y sangría todo el día."
3. "Nos bañamos todos los días en el mar. El agua está a unos 25 grados."
4. "Es una terapia fantástica: aguas, masajes y paseos. ¡Qué relax!"

d. ¿Qué hacía la gente en Mondariz? Completa.

1. *disfrutar* de las aguas medicinales
2. .... por los bosques
3. .... ejercicio
4. .... en aguas termales
5. .... en el Gran Hotel
6. .... aguas medicinales

e. En el artículo hay un tiempo nuevo: el imperfecto. Marca las formas en el texto.

verbos en **-ar**	verbos en **-er/-ir**	ser	ver	ir
busc**aba**	hac**ía**	era	veía	iba
busc**abas**	hac**ías**	eras	veías	ibas
busc**aba**	hac**ía**	era	veía	iba
busc**ábamos**	hac**íamos**	éramos	veíamos	íbamos
busc**abais**	hac**íais**	erais	veíais	ibais
busc**aban**	hac**ían**	eran	veían	iban

 7

El imperfecto se usa para describir cualidades en el pasado o presentar acciones habituales pasadas.
Excepto **ir**, **ser** y **ver** (y sus compuestos) no hay verbos irregulares en imperfecto.

2 ¡Qué descanso!

8 **a. Escucha ahora una entrevista con el director del balneario de Mondariz.** ⏭ 9
Marca qué aspectos corresponden a antes, a hoy o a las dos épocas.

	antes	hoy
sólo gente con dinero		
público variado		
aguas medicinales		
oferta deportiva		
problemas de estómago		
dolores de espalda		
dolores de cabeza		

b. Escribe un pequeño resumen de la entrevista y compara tu texto con el de un compañero.

Antes el público era sólo gente con dinero.

9 **¿Cómo eran unas vacaciones en la playa en el siglo XIX?**
En esta playa se ven actividades que no se practicaban en el siglo XIX. En cadena, decid qué cosas no son de la época sin repetir el verbo que ha usado otra persona.

llevar | escuchar | tener | jugar | hacer surf | bucear | usar | comer | beber

10 **a. La vida antes y hoy.**
En parejas, decidid a qué época(s) corresponden las siguientes cosas.
Luego comparad con otra pareja. ¿Tienen lo mismo?

libros | tenedor | motocicleta Vespa | sandalias | mamut | ropa hecha de pieles | balnearios | vino | teléfono | tomate | canalización | televisión

• En el Imperio Romano ya se bebía vino.

La Edad de Piedra

El Imperio Romano

Los años cincuenta

26 | veintiséis

b. Mi vida antes y ahora.
¿Cómo era tu vida cuando tenías 16 años? Toma notas y luego compara con
dos compañeros.

¿Qué ropa llevabas? ¿Y hoy?
¿Qué música escuchabas? ¿Y hoy?
¿Dónde vivías? ¿Y hoy?
¿Qué hacías en tu tiempo libre? ¿Y hoy?
¿Dónde te encontrabas con tus amigos? ¿Y hoy?
¿Dónde pasabas las vacaciones? ¿Y hoy?

expresiones de tiempo
A los 16 años… Cuando tenía 16 años… Cuando vivía con mis padres… Cuando iba al colegio… En los años 80… Antes…

 8, 9

Una tradición de siglos

11 a. ¿Con qué países asocias la palabra sauna?
Lee el texto sobre una tradición mexicana muy antigua. Busca las palabras en cursiva que
corresponden a estas definiciones.

agua a 100°C transformada en gas: *vapor*
de la época anterior a la llegada de los españoles a América: ....
mujer que está esperando un bebé: ....
plantas aromáticas o medicinales: ....
compensar el agua perdida: ....

BAÑO DE TEMAZCAL

El baño de temazcal es un baño de origen *prehispánico* que se practicaba como ritual. Además tenía un uso terapéutico, incluso estético. El tratamiento era un baño de *vapor* aromatizado con *hierbas* frescas, como en las saunas actuales, pero también se tomaban tés y una sopa medicinal para *hidratar* el cuerpo después de la sauna.

Se iba al baño de temazcal para tratar problemas diferentes, por ejemplo dolores de espalda y dolores musculares. Las mujeres *embarazadas* lo usaban para relajarse antes del nacimiento del bebé. Una de las características del baño temazcal: no había separación de hombres y mujeres, todos lo usaban juntos.

En la actualidad todavía se usa como tratamiento medicinal, pero mucha gente también va sólo para relajarse.

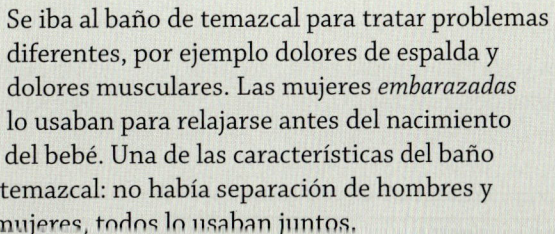

b. La clase se divide en dos grupos. Cada grupo prepara cinco frases sobre el texto que pueden ser verdaderas o falsas. El otro grupo tiene que descubrir las falsas.

c. ¿Vas a la sauna? ¿Por qué (no)? ¿A quién se la puedes recomendar?

2 ¡Qué descanso!

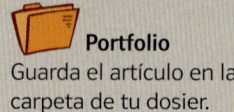
Portfolio
Guarda el artículo en la carpeta de tu dosier.

Tarea final Remedios caseros

La revista *Vida y salud* os ha pedido un artículo sobre tratamientos tradicionales.

1. En grupos de tres, intercambiad ideas. ¿Qué tratamientos caseros para enfermedades conocéis? Tomad notas y haced una lista. Podéis usar el diccionario para buscar las palabras nuevas o preguntar al profesor.

   • Para la tos, mi madre mezclaba zumo de cebolla con miel. Se tomaba caliente y muy despacio.

2. Buscad más información. Cada persona del grupo entrevista a un compañero de otro grupo para recoger información sobre otros remedios caseros.

3. Volved a vuestro grupo original y escribid juntos un pequeño artículo usando la información que habéis recogido de vuestros compañeros.

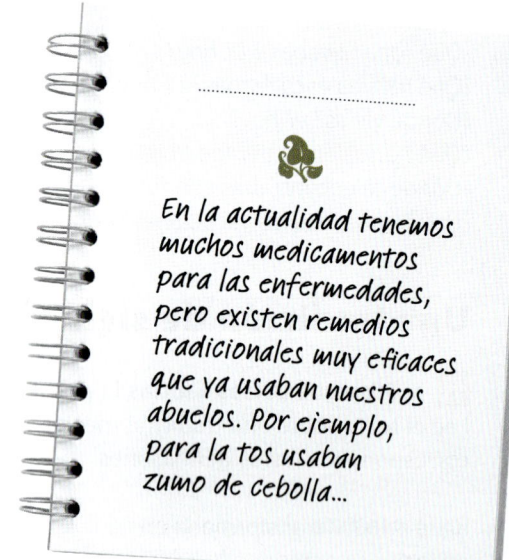

En la actualidad tenemos muchos medicamentos para las enfermedades, pero existen remedios tradicionales muy eficaces que ya usaban nuestros abuelos. Por ejemplo, para la tos usaban zumo de cebolla...

La clave está en el pasado

¿Te acuerdas de la historia misteriosa? Aquí sigue.

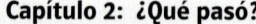

Capítulo 2: ¿Qué pasó?

Mi entrevista con el director del Museo de la Ciencia fue así:
– Creemos que el documento desapareció ayer por la noche, entre las tres y las tres y media de la mañana. El ladrón o los ladrones desconectaron la alarma y entraron por una ventana. Después fueron a la oficina del director, abrieron la vitrina de documentos valiosos y robaron el documento. Pensamos que salieron del museo sólo una hora más tarde.
– ¿Quién lo descubrió?
– Antonio, el vigilante. A las cuatro, por eso sabemos las horas aproximadas. Me llamó a mi casa y media hora más tarde llegué al museo.
– ¿Qué hizo usted?
– Llamar a la policía. Un cuarto de hora después de mi llamada llegaron aquí y lo controlaron todo. Estuvieron tres horas en el museo y después se marcharon.
– Si la policía ya investiga el caso, ¿por qué me llamó también a mí?

– Porque creo que es un caso especial. Y porque es usted la mejor...
¡Oh, no! Justo aquí descubrí que mi grabadora no tenía pilas.

¿Me puedes ayudar y escribir el protocolo del caso? Muchas gracias.

TE VEO. DETECTIVES

Protocolo del caso:
Museo de la Ciencia. Robo de "la fórmula".

3.00 – 3.30 de la mañana: *El ladrón*
4.00:
4.30:
Jueves, 7.30: *El director del Museo*
Jueves, 8.00: *La detective Alba Serrano*

28 | veintiocho

De fiesta

El carnaval de Oruro (Bolivia)

Hola, me llamo Pilar Klewin y soy boliviana, de La Paz, pero hoy les voy a hablar de Oruro, la ciudad de mi padre, y de una de las tradiciones más hermosas de mi país: el carnaval. Oruro no es muy grande, creo que tiene unos 340.000 habitantes, pero en las fiestas del carnaval pueden ser casi un millón. Es una de las fiestas más espectaculares de América Latina. La UNESCO le dio el título de *Patrimonio de la Humanidad*.
Yo estuve allí varias veces y siempre me impresionó. Cada vez descubro cosas nuevas, pero lo que más me impresiona son las máscaras. Son fascinantes. El carnaval, con sus bailes y sus máscaras, representa una fusión de tradiciones y creencias prehispánicas y cristianas. En su origen la fiesta simboliza los peligros del trabajo en las minas. En Oruro se vive para el carnaval. Siete meses antes del carnaval los participantes empiezan a preparar los disfraces y las coreografías que se hacen en honor a la Virgen de la Candelaria. El festejo principal es un desfile de cuatro kilómetros. Los bailes son importantísimos en esta fiesta. Mi baile favorito es "la Diablada", que representa la lucha del bien y del mal. Participan más de cuatrocientos bailarines vestidos de rojo y con máscaras. También hay otros grupos con otros temas. Todos me gustan, pero "la Diablada" tiene algo, no sé… No lo puedo describir. Hay que verlo y vivirlo.

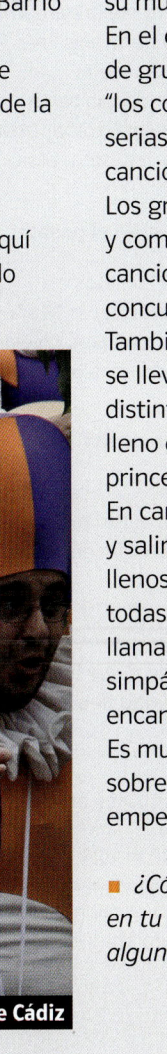

carnaval de Oruro

El carnaval de Cádiz (España)

Hola, soy Carmen Barrio y soy de Cádiz, una ciudad muy bonita de Andalucía, en la puntita de la península.
En Cádiz hay muchas cosas atractivas, pero quizás la más espectacular es el carnaval. Aquí vivimos medio año preparando la próxima fiesta y medio año recordando la fiesta anterior. ¿Por qué es especial? Por su ambiente y su música.
En el carnaval hay varios tipos de grupos. Los más típicos son "los coros", que cantan canciones serias, y "las chirigotas", que cantan canciones críticas y satíricas. Los grupos escriben los textos y componen la música de las canciones y compiten entre ellos en concursos.
También se hacen los disfraces que se llevan esos días. Cada año uno distinto, claro. Yo tengo un armario lleno de mis viejos disfraces: pirata, princesa, mosquito…
En carnaval todos nos disfrazamos y salimos a la calle. Los bares están llenos, se come "pescaíto frito" a todas horas. Los gaditanos, así se llama la gente de Cádiz, somos simpáticos por naturaleza y nos encanta hablar y conocer gente. Es muy fácil, cualquier comentario sobre el disfraz es suficiente para empezar a hablar.

- ¿Cómo se celebra el carnaval en tu país? ¿Te has disfrazado alguna vez?

carnaval de Cádiz

2 ¡Qué descanso!

Comunicación

Partes del cuerpo

la cabeza	el ojo	la boca	la espalda	la pierna	el pecho
la cara	la nariz	los dientes	el brazo	la rodilla	el estómago
la piel	la oreja	la garganta	la mano	el pie	la barriga

Preguntar por problemas de salud

¿Qué te / le pasa?
¿Qué te / le duele?
¿Tiene/s fiebre?
¿Tiene/s diarrea?

Describir los síntomas de una enfermedad

Tengo
- fiebre.
- diarrea.
- tos.
- gripe.

Me duele
- el estómago.
- la cabeza.
- la espalda.

Me duelen
- los pies.

Estoy
- resfriado/-a.
- cansado/-a.
- enfermo/-a.
- bien / mal / fatal.

En la farmacia

Necesito algo para el dolor de cabeza.
¿Tienen algo para…?
Me duele la garganta, ¿qué me recomienda?
¿No tiene algo más fuerte?
Puede tomar…
¿Por qué no toma…?
Conviene tomar estas pastillas.
Para eso se necesita receta.

Expresiones temporales para situar en el pasado

A los 16 años…
Cuando tenía 16 años…
Cuando iba al colegio…
En los años 80…

Indicar de qué modo se realiza una acción

Vamos a la sauna regularmente.
Para evitar problemas de estómago conviene comer lentamente.
Pasé el fin de semana tranquilamente en casa.

Hablar de remedios para una enfermedad

Si me duele la cabeza, tomo una aspirina.
Si tengo fiebre, me quedo en la cama.
Si estoy resfriado, bebo zumo de limón.

Describir y hablar de acciones habituales en el pasado

Ya en el sigo XIX la gente iba a un balneario para disfrutar de las aguas medicinales.
En esa época los balnearios eran lugares exclusivos.
Muchos clientes de Mondariz eran personas ricas que podían pagar esos lujos.
Se alojaban en el Gran Hotel, que ofrecía un servicio exquisito.

Gramática

Adjetivos y adverbios

Adjetivo
Tengo un horario regular.
Es una conversación agradable.
Aprender el indefinido es fácil.
Vivimos en un barrio tranquilo.

Los adjetivos modifican al sustantivo.

Adverbio
Hago deporte regularmente.
Charlamos agradablemente.
Con esta regla se aprende fácilmente.
Dormimos la siesta tranquilamente.

Los adverbios pueden modificar a un verbo, a un adjetivo, a otros adverbios o a una frase completa.

Adverbios terminados en -mente

Adjetivo	Adverbio
tranquilo/-a	tranquil**amente**
lento/-a	lent**amente**
agradable	agradable**mente**
fácil	fácil**mente**

Para transformar un adjetivo en un adverbio, sólo hay que añadir la terminación **-mente** a la forma femenina del adjetivo.
Los adjetivos que llevan tilde, la mantienen.

El pretérito imperfecto

	-ar: busc**ar**	**-er/-ir**: hac**er**
yo	busc**aba**	hac**ía**
tú	busc**abas**	hac**ías**
él / ella / usted	busc**aba**	hac**ía**
nosotros/-as	busc**ábamos**	hac**íamos**
vosotros/-as	busc**abais**	hac**íais**
ellos / ellas / ustedes	busc**aban**	hac**ían**

	ser	ver	ir
yo	era	veía	iba
tú	eras	veías	ibas
él / ella / usted	era	veía	iba
nosotros/-as	éramos	veíamos	íbamos
vosotros/-as	erais	veíais	ibais
ellos / ellas / ustedes	eran	veían	iban

El imperfecto de **hay** es **había**.
Dos de los usos del imperfecto son: describir cualidades en el pasado y presentar acciones habituales pasadas.

¿Te acuerdas?

Un poco de nostalgia

¿Recuerdas? Los niños jugábamos todo el día en la calle, al fútbol, a saltar a la cuerda, a correr... Tomábamos leche con Cola-Cao para desayunar y veíamos las aventuras del delfín Flipper y del caballo Furia en la televisión en blanco y negro. En verano pasábamos las vacaciones en la playa después de un viaje muy largo en un Seat 600 sin aire acondicionado. Somos la generación de los sesenta.

En los años setenta también pasábamos las vacaciones en la playa después de un viaje muy largo, pero ya no era un Seat 600, quizás un Seat Panda. Aire acondicionado tampoco teníamos. Pero teníamos televisión en color. Veíamos "Bonanza" y "Vicky el Vikingo". Leíamos muchos cómics españoles, como "Mortadelo y Filemón", o de otros países, como "Asterix".

hablar de recuerdos de la infancia • describir hábitos del pasado • contar una anécdota • estructurar una historia

3

¡Los ochenta! Veíamos los dibujos animados de "La abeja Maya" y llorábamos con "Heidi". En el cine nos emocionábamos con "E.T.". Los más pequeños aprendían las letras y los números con "Barrio Sésamo". Jugábamos con el cubo de Rubik. ¡Qué difícil era! En los ochenta aparecieron los primeros juegos de ordenador, como el tenis y el "comecocos", que en inglés se llamaba "pacman". ¿Y recuerdas la moda de los ochenta? ¿No? ¡Qué suerte!

1 ¿A qué jugaban, qué libros leían y qué veían los niños en estas épocas? ¿Y tú de niño?

años 60	
juegos	
películas y programas de tele	
otras cosas	

años 70	
juegos	
películas y programas de tele	
otras cosas	

años 80	
juegos	
películas y programas de tele	
otras cosas	

tú	
juegos	
películas y programas de tele	
otras cosas	

treinta y tres | 33

3 ¿Te acuerdas?

Un cuento antes de dormir

(Story)

2 a. Rosa nos va a contar una anécdota de su infancia. ▶▶ 10
Antes de escucharla, lee las frases. ¿En qué orden crees que van a aparecer?
Luego escucha y compara.

- [3] Después de algunas frases mi hermana se durmió.
- [1] Mi hermana menor me pidió un cuento para poder dormirse.
- [7] Repetí otra vez el cuento.
- [6] Al día siguiente mi hermana me preguntó: ¿Cómo terminó el cuento?
- [5] Al terminar el cuento, yo también me dormí.
- [2] Así que empecé a contar un cuento.
- [4] Pero yo seguí con el cuento hasta el final. *(continued)*

To fall asleep
dormir ≠ dormirse

Quedar ≠ quedarse
To meet / to stay

b. ¿Qué más cosas se dicen? Escucha otra vez y toma notas.

1. ¿Dónde estaban las niñas?
2. ¿Cómo era la habitación?
3. ¿Cuántos años tenía la hermana?
4. ¿Cómo era el cuento?

This tense for something they were doing or describing something

c. Marca los verbos en las frases de 2a y 2b.
¿En qué tiempo están? ¿Cuáles se refieren a acontecimientos? ¿Cuáles a descripciones?

d. ¿A ti te contaban o te leían cuentos? ¿Quién? ¿Tenías una historia preferida?

3 a. En el mundo de los cuentos hay muchos animales.
¿A qué animal se refiere cada frase? Relaciona. ¿Conoces otros animales?

- [ ] Dicen que es el mejor amigo del hombre.
- [ ] Es muy individualista y cuando está feliz hace así: "ronronron".
- [ ] Medio de transporte de los príncipes en los cuentos.
- [ ] Este animal nos da el jamón y muchas otras cosas.
- [ ] Un viejo remedio para dormir es contarlas: una, dos, tres…
- [ ] Necesitamos su leche para el café.
- [ ] La gente lo relaciona siempre con España.
- [ ] Unos cantan y otros no. Algunos hablan, pero casi todos vuelan.
- [ ] Es el rey de los animales.

1. el pájaro 2. el perro 3. la vaca
4. el león 5. el caballo 6. la oveja
7. el gato 8. el cerdo 9. el toro

3

El ratoncito Pérez

Había una vez una ostra que estaba muy triste.
—¿Qué te pasa? —le preguntó su amigo el pulpo
que vivía en el fondo del mar.
—He perdido mi perla —respondió la ostra.
—¿Cómo era la perla? —preguntó el pulpo.
—Blanca, dura, pequeña y brillante —contestó la ostra.
El pulpo le prometió su ayuda y se marchó. Se encontró con una tortuga que estaba en la playa y le explicó el problema de la ostra. La tortuga le prometió su ayuda y se marchó. Se encontró con un ratón que paseaba por la playa. El ratón se llamaba Pérez.

la ostra   *el pulpo*

—La ostra ha perdido su perla. Tenemos que buscar algo blanco, pequeño, duro y brillante -dijo la tortuga al ratón.
El ratón empezó a buscar un objeto con estas características. Primero encontró un botón que era blanco, brillante y pequeño, pero no era duro. Después, encontró una piedra blanca, pequeña y dura, pero no era brillante. Al final encontró una moneda de plata que era blanca, dura y brillante, pero no era pequeña.

la tortuga   *el ratoncito Pérez*

la moneda

El ratón volvió a su casa triste y frustrado. La casa del ratón estaba en la habitación de un niño detrás del armario. En la mesa de noche encontró un diente del niño; el ratón lo tocó: era blanco, pequeño, duro y brillante.

el diente

Entonces tomó el diente y lo cambió por la moneda de plata. Luego corrió a la playa y le dio el diente a la tortuga, la tortuga al pulpo y el pulpo a la ostra, que se puso muy contenta porque el diente era muy parecido a la perla perdida. Lo puso en el sitio de la perla y nadie pudo notar la diferencia.

Por eso, desde entonces, cuando un niño pierde un diente de leche, lo pone debajo de la almohada y por la noche el ratoncito Pérez viene a buscarlo y lo cambia por dinero.

---

b. El protagonista del cuento favorito de Rosa es un ratón.
Lee el cuento. ¿En qué orden aparecen los animales de los dibujos?

c. ¿Qué frase resume mejor el cuento?

1. La ostra perdió un diente y el ratoncito lo encontró.
2. La tortuga encontró una perla, no sabía de quién era y la cambió por dinero.
3. El ratoncito Pérez ayudó a la ostra a buscar la perla perdida.
4. Una ostra, un pulpo, una tortuga y un ratón decidieron ser músicos en Bremen.

d. ¿Existe el ratoncito Pérez en tu país?
¿Se hace algo cuando los niños pierden los dientes de leche?

---

poner ≠ ponerse
encontrar ≠ encontrarse

diminutivos	
ratón	raton**cito**
casa	cas**ita**
pequeño	pequeñ**ito**

✏ 5, 6

3 ¿Te acuerdas?

4 **a. Subraya en el cuento del ratoncito Pérez los verbos en indefinido y en imperfecto con dos colores diferentes.**

b. Relaciona las partes de frases para resumir la historia. Después, completa la regla.

indefinido	imperfecto
El pulpo **se encontró** con una tortuga	que *paseaba* por la playa.
Ella **se encontró** con un ratón	que *estaba* en la habitación de un niño.
Primero el ratón **encontró** un botón.	porque *era* parecido a la perla.
Al final **volvió** a su casa	que *estaba* en la playa.
El ratón **tomó** el diente	*Era* blanco, pequeño y brillante.

El desarrollo de la historia está en ....
Circunstancias y hábitos están en ....

5 **a. Dos tiempos del pasado, dos significados.**
¿Recuerdas a estas personas? Lee el texto. ¿Se puede entender la historia o falta algo importante?

¿Otro cuento?

Al día siguiente yo estaba muy cansada. Mientras mi hermana y yo íbamos al colegio, ella preguntó: "Oye, ¿cómo terminó la historia?" Así que tuve que contar la historia otra vez ☐. **1**
Hablé y hablé durante todo el camino. Terminé justo delante de la puerta y mi hermana ☐ me dijo: "¡Qué bonita la historia!". Ese día por la noche, ☐, ella me pidió: "¿Me cuentas otra historia?" Yo ☐ le contesté que sí ☐. "Pero, otra", dijo ella, "una nueva". Por eso esa noche busqué una historia nueva, un cuento ☐: "Había una vez un pirata ☐..."

b. Completa ahora el texto con estas informaciones poniendo el número en la casilla correspondiente.

1. porque ella no recordaba nada
2. estaba muy cansada, tenía sueño, pero
3. que se llamaba Patapalo
4. cuando estábamos otra vez en la cama
5. que estaba muy contenta
6. porque me gustaba mucho contar historias
7. que empezaba así

¿Recuerdas?

buscar	empezar
bus**qu**é	empe**c**é

c. Algunos voluntarios leen el texto completo en voz alta.
Compara la historia completa con el texto anterior. ¿Qué diferencia hay?

d. Otra versión de la historia.
¿Puedes cambiar la historia de las dos niñas? Inventa otras informaciones para las casillas. Luego se leen y comparan las diferentes versiones.

36 | treinta y seis

Las dulces mentiras de la infancia

6 a. Valentina nos cuenta cómo descubrió quién era de verdad el ratoncito Pérez.
Completa la historia con las formas del imperfecto o indefinido.

Yo _tenía_ (tener) seis años y todavía .... (tener) los dientes de leche. Un domingo, mientras toda la familia .... (comer), perdí un diente. Mis padres y mis tíos me .... (decir): "El ratoncito Pérez va a venir a buscar el diente y te va a dejar dinero a cambio". Primero lo creí y .... (ponerse) muy contenta. Pero yo .... (ser) una niña muy curiosa y siempre .... (querer) verlo y saberlo todo. Por la noche .... (estar) muy cansada, pero no me .... (poder) dormir. De pronto, ... (escuchar) un ruido, pero no .... (abrir) los ojos. Mis padres .... (entrar) en la habitación y, para mi sorpresa, ... (poner) una moneda debajo de la almohada. Al día siguiente, yo no .... (decir) nada, porque todavía me quedaban muchos dientes de leche. Es que además de ser una niña muy curiosa, también .... (ser) una niña muy lista. Total que en los meses siguientes .... (recibir) mucho dinero.

b. No sólo el ratoncito trae regalos. ▶▶ 11–12
Tradicionalmente los Reyes Magos traen los regalos de Navidad. Escucha a estas personas que cuentan cómo se enteraron de la verdad. Marca las opciones correctas.

	¿Quién le contó la verdad?	¿Qué edad tenía?	¿Cómo reaccionó?
Yolanda	☐ su madre ☐ su abuela	☐ seis años ☐ ocho años	☐ no lo creyó ☐ se puso contenta
Miguel	☐ su amigo ☐ su padre	☐ diez años ☐ trece años	☐ no dijo nada ☐ se puso triste

c. Con la información de la tabla, resume en una frase la historia de Yolanda y en otra la de Miguel.

- A Yolanda su madre le contó la verdad cuando…

d. ¿Te acuerdas?
Toma notas en la tabla y luego cuenta cómo descubriste cosas que no eran verdad relacionadas con la navidad u otro tipo de fiesta o celebración.

¿Qué edad tenías?	¿Dónde estabas? ¿Con quién?	¿Qué pasó?	¿Cómo reaccionaste?

---

contar una anécdota

Cuando yo tenía…
Estaba en… con…
Entonces…
Total, que…

3 ¿Te acuerdas?

Siempre hay historias para contar

7 a. ¿Recuerdas cómo fue?
Combina una circunstancia y un acontecimiento para contar algo de tu vida.

tener 24 años
estar en la universidad
vivir todavía en casa de mis padres
compartir piso
ser joven y guapo/-a
estar en una fiesta / manifestación

aprender a cocinar
decidir mudarse
conocer a mi mujer / marido
terminar la escuela
encontrar el primer trabajo
enamorarse por primera vez

- Cuando tenía 24 años, conocí a mi marido.

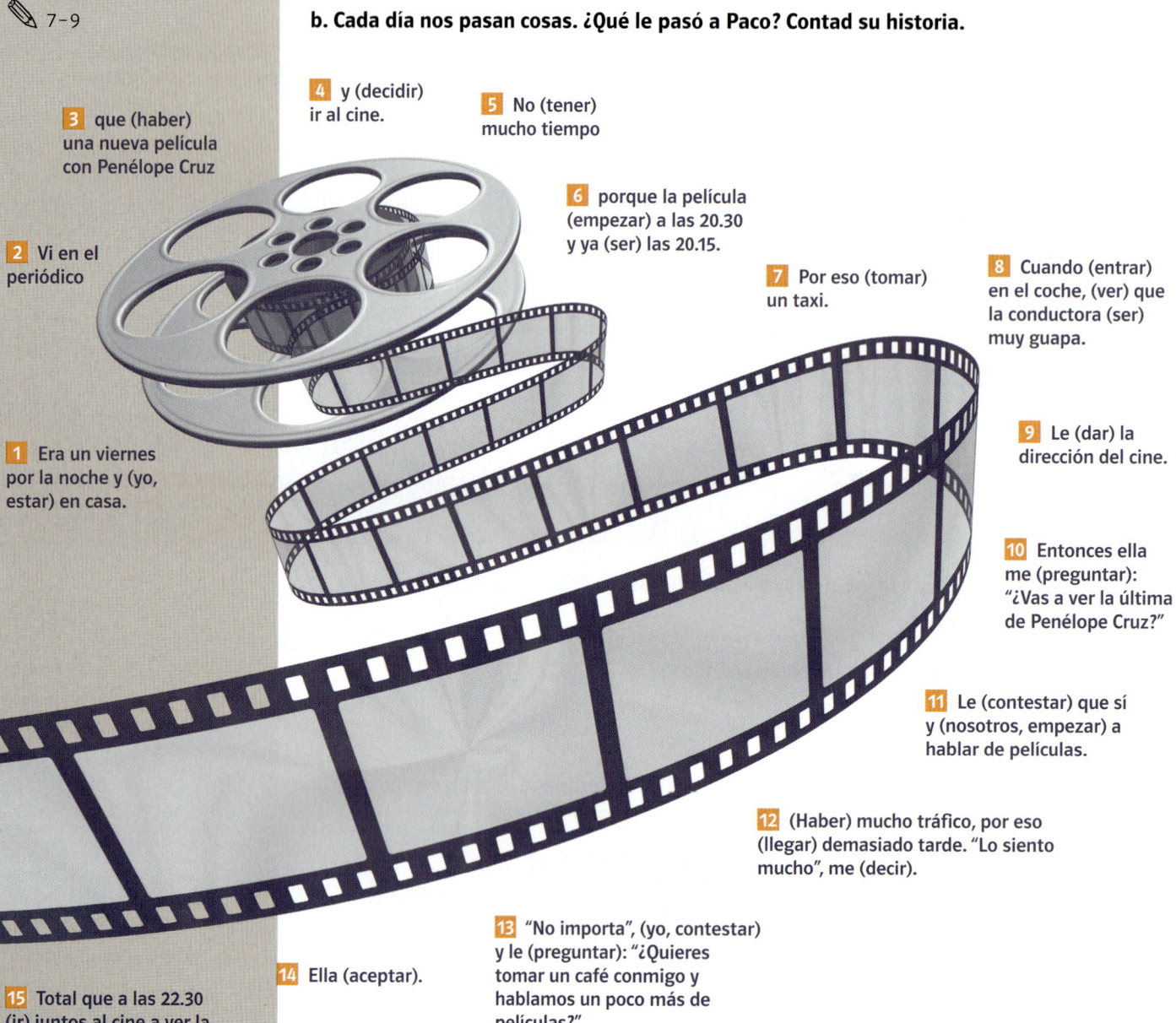

7-9

b. Cada día nos pasan cosas. ¿Qué le pasó a Paco? Contad su historia.

1 Era un viernes por la noche y (yo, estar) en casa.

2 Vi en el periódico

3 que (haber) una nueva película con Penélope Cruz

4 y (decidir) ir al cine.

5 No (tener) mucho tiempo

6 porque la película (empezar) a las 20.30 y ya (ser) las 20.15.

7 Por eso (tomar) un taxi.

8 Cuando (entrar) en el coche, (ver) que la conductora (ser) muy guapa.

9 Le (dar) la dirección del cine.

10 Entonces ella me (preguntar): "¿Vas a ver la última de Penélope Cruz?"

11 Le (contestar) que sí y (nosotros, empezar) a hablar de películas.

12 (Haber) mucho tráfico, por eso (llegar) demasiado tarde. "Lo siento mucho", me (decir).

13 "No importa", (yo, contestar) y le (preguntar): "¿Quieres tomar un café conmigo y hablamos un poco más de películas?"

14 Ella (aceptar).

15 Total que a las 22.30 (ir) juntos al cine a ver la película. Así (conocer) a mi pareja.

8 a. Conectores.

Ya conoces estas expresiones que sirven para estructurar una historia.
¿Cómo se dicen en tu lengua?

primero	un domingo	cuando ....
luego	al día siguiente	mientras ....
después	entonces	porque ....
al final	total que	por eso ....

b. Completa este texto con algunos de los conectores y compara con un compañero.

"El sábado pasado no fue mi día: .... me desperté a las seis .... los vecinos hacían mucho ruido. .... fui al baño y vi que no había agua caliente. .... no pude ducharme. La calefacción tampoco funcionaba. .... esperé hasta las ocho y llamé al técnico que me dijo: "Imposible llegar hasta la tarde." .... hacía mucho frío en casa, me resfrié y .... me pasé todo el domingo en la cama."

c. Escribe una historia en dos frases utilizando en total tres conectores.

Un domingo estaba en casa y decidí dar un paseo. Cuando paseaba por el parque llegó un perro enorme, entonces empecé a correr y en el camino a casa perdí las llaves.

9 a. ¿Sabes qué me pasó ayer? ▶▶ 13
Escucha lo que cuenta Irene de su día de ayer y ordena los dibujos.

b. Escucha otra vez y escribe la historia con ayuda de estos elementos usando el tiempo verbal correspondiente.

tener una noche emocionante
ir al cine
ir a tomar una copa
ser tarde
no haber metro
volver a pie
llegar a casa
descubrir
no tener las llaves

mirar las ventanas
haber luz
tocar el timbre
abrir la puerta
ser alto y moreno
explicar la situación
invitar a entrar
encontrar las llaves en el bolsillo

3 ¿Te acuerdas?

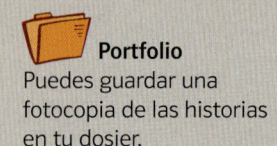

Portfolio
Puedes guardar una fotocopia de las historias en tu dosier.

Tarea final Una historia colectiva

¿Quieres participar en la creación de muchas historias? Con esta actividad es fácil convertirse en autor.

1. En una hoja en blanco cada alumno empieza a escribir una historia. Después de tres minutos, le pasa la hoja a su compañero de la derecha.

2. Cada vez que uno recibe una historia nueva, la lee y decide cómo continúa, escribiendo una o dos frases.

3. El profesor anuncia el final. Entonces se pasa la hoja una vez más y la próxima persona decide cómo termina la historia. Al final se exponen todas las historias en el aula.

> Era un día feo, llovía y hacía frío.
> Pero yo estaba contenta porque era mi primer día de trabajo.

La clave está en el pasado

Capítulo 3: El escenario del crimen

Después de hablar con el director, fuimos a ver el lugar donde estaba guardado el documento. Observar el lugar es muy importante para la investigación. Entramos en la habitación.
– ¿Sabe si han cambiado cosas? – le pregunté al director del museo.
– Sí. Algunas. Tengo una foto de cómo estaba la habitación antes del robo.

– Fantástico. ¿Me la puede mostrar? Así mi asistente puede hacer una comparación.
El director me dio la foto que está a la izquierda.
Yo hice la foto que está a la derecha.

Una tarea para ti, mi asistente: aquí tienes dos fotos del lugar donde se guardaba el documento. Necesito una descripción detallada de cómo era antes y después del robo. ¿Puedes hacerla?

De fiesta

Las Fallas de Valencia

Del 15 al 19 de marzo Valencia vive las Fallas, una fiesta llena de color, fuego y ruido para celebrar la primavera. ¿Todavía no has estado en las Fallas de Valencia? Pues no has vivido una de las fiestas más espectaculares de España. Me llamo Eva Martínez, soy profesora de español y quiero presentaros esta gran fiesta de mi ciudad.

El nombre viene de unas esculturas enormes de cartón que se llaman "fallas". Estas esculturas están formadas por muchas figuras y pueden tener hasta 20 metros de altura. Cada falla tiene un tema, generalmente de actualidad y de carácter satírico.

Cada barrio de la ciudad tiene su propia falla. Los vecinos se reúnen en asociaciones durante todo el año para prepararla. Después, las fallas se ponen en una plaza o en una esquina del barrio y el día 19 de marzo se queman. Mucha gente que no es de Valencia piensa que estamos locos: todo el año preparamos las fallas y después ¡las quemamos!

Pero no se quema todo: una figura se guarda. No toda la falla, sólo una figura. Hay un concurso y la figura ganadora no se quema, sino que va al Museo de las Fallas.

La fiesta dura cinco días y es muy, muy ruidosa. No sólo porque hay música, sino por el ruido de las explosiones de los petardos. Cada día, a las dos de la tarde, tiene lugar "la mascletá", un juego de petardos que tiene una "melodía". Para nosotros, los valencianos, es música; para los turistas, mucho ruido. Durante el día se visitan las fallas y se come y se bebe por la calle en los numerosos puestos de comida y bebida. Por la noche, hay conciertos gratis de artistas muy famosos y a medianoche un espectáculo de fuegos artificiales. Los valencianos somos famosos por los fuegos artificiales. Luego, vamos a bailar y a pasarlo bien en los bares.

Y a las ocho de la mañana, la fiesta empieza de nuevo con mucho ruido de petardos para despertar a los vecinos y para recordar que la fiesta sigue.

La noche de San José se queman las fallas. Es un espectáculo de fuego sin igual. De las fallas casi no queda nada. Y entonces ya empezamos a pensar en la fiesta del próximo año. ¿Nos vemos en Valencia?

- *¿Conoces otra fiesta con figuras grandes? ¿Y con fuego?*
- *¿En qué ocasiones hay fuegos artificiales en tu país?*

los petardos

una falla

la quema de las fallas

3 ¿Te acuerdas?

Comunicación

Hablar de recuerdos

> ¿Se acuerda de sus primeras vacaciones en la playa?
> ¿Recuerdas la moda de los ochenta?
> Me acuerdo de los cuentos que me contaba mi hermana.
> Recuerdo que una noche mi hermana me pidió un cuento.

Animales

el perro	el toro	el león
el gato	el caballo	la tortuga
el cerdo	la oveja	el ratón
la vaca	el pájaro	el delfín

Hablar de acciones habituales del pasado

> Mi hermana y yo dormíamos en la misma habitación.
> Mi abuela nos leía cuentos.
> Nunca veíamos la televisión.

Hablar de acontecimientos en el pasado

> Mi hermana me pidió un cuento antes de dormir.
> Pero después de algunas frases se durmió.
> Entonces al día siguiente lo repetí.

Diferenciar entre la descripción de una situación y los acontecimientos al relatar

> *Estaba cansado* y me quedé en casa.
> *No tenía mucho tiempo*, por eso decidí tomar un taxi.
> Cuando entré en el coche, vi que *la conductora era muy guapa*.
> *Había mucho tráfico*, por eso llegamos demasiado tarde.

Estructurar una historia

> primero
> luego
> después
> al final
> de pronto

> un domingo
> al día siguiente
> entonces
> así que
> total que

> cuando
> mientras
> porque
> como
> por eso

Gramática

Verbos que cambian de significado cuando son pronominales

poner	→	¿Tú **ponías los dientes debajo de la almohada** cuando se te caían?
ponerse + Adj.	→	Cuando me compraban regalos, **me ponía muy contenta**.
ponerse + Subst.	→	Para la fiesta voy a **ponerme los zapatos rojos**.
encontrar	→	Esta mañana **he encontrado diez euros** en el suelo.
encontrarse	→	Esta mañana **me he encontrado con Luis** por la calle.
llamar	→	El teléfono no funciona. Tenemos que **llamar a un técnico**.
llamarse	→	Hola, **me llamo Cristina**. ¿Y tú?
dormir	→	¡Hoy **he dormido** diez horas!
dormirse	→	Cuando me contaban un cuento, **me dormía** más rápido.
quedar	→	**He quedado con unos amigos** para salir esta noche.
quedarse	→	Me han invitado a salir, pero prefiero **quedarme en casa**.

Algunos verbos cambian de significado cuando se usan con pronombre o sin él.

Diminutivos

cosa – cos**ita**	pequeño – pequeñ**ito**
libro – libr**ito**	gordo – gord**ito**
ratón – raton**cito**	bajo – baj**ito**
café – cafe**cito**	viejo – viej**ito** / viej**ecito**

Las terminaciones **-ito/-ita** o **-cito/-cita** se pueden añadir a sustantivos o adjetivos para darles un significado de "tamaño menor" u otros valores relacionados con la valoración afectiva que queremos expresar (cercanía, cortesía, ironía, menosprecio...).
A menudo también se usan para expresar cariño: abuel**ito**.

El uso del indefinido y del imperfecto

Acción principal: indefinido	Descripción, situación, circunstancias: imperfecto
El pulpo **se encontró** con una tortuga	mientras él **paseaba** por la playa.
Ella **se encontró** con un ratón	que **paseaba** por la playa.
Primero el ratón **encontró** un botón.	**Era** blanco, pequeño y brillante.
Al final **volvió** a su casa	que **estaba** en la habitación de un niño.
El ratón **tomó** el diente	porque **era** parecido a la perla.

cuarenta y tres | 43

Mirador

Un mirador es un lugar desde donde se puede mirar un paisaje. Aquí te invitamos a reflexionar sobre lo que has aprendido en las tres lecciones anteriores. Además, puedes encontrar consejos para aprender mejor.

Hablamos de cultura: lenguas en el mundo hispano

1 **a. ¿Qué sabes de este tema? Marca tus respuestas. A veces hay más de una opción.**
Luego lee el texto. ¿A qué preguntas del cuestionario responde?

1. El español
   - [ ] es una de las 4 lenguas más habladas.
   - [ ] se llama también "castellano".

2. El gallego es
   - [ ] un dialecto.
   - [ ] una lengua.

3. En gallego hay
   - [ ] periódicos y libros.
   - [ ] programas de radio.

4. El vasco
   - [ ] es una lengua oficial en España.
   - [ ] es una lengua románica.

5. La lengua oficial del Perú es
   - [ ] el castellano.
   - [ ] el quechua.

6. En Bolivia se aprende
   - [ ] quechua o aymara en la escuela.
   - [ ] el quechua en todas las escuelas.

Las lenguas oficiales de España

¿Recuerdas a José Mujika Eizagirre, el bombero de la unidad 1? ¿Y puedes imaginar por qué en un campeonato creían que era de Afganistán? Es que tiene un nombre vasco.

El vasco es, con el gallego y el catalán, una de las tres lenguas oficiales que se hablan en España además del español o castellano. El vasco se habla en el País Vasco y parte de Navarra y es realmente una lengua muy diferente porque, a diferencia de las otras tres, no viene del latín. En realidad todavía hoy no se conoce su origen.

El gallego se habla en Galicia y es parecido al portugués. El catalán se habla en Cataluña, en la Comunidad Valenciana y en las Islas Baleares.

¿Es parecido a otras lenguas? Pues un poco al francés y al italiano. Es interesante ver cómo se transforman las lenguas según el lugar geográfico donde se hablan.

¿Quieres saber cómo se dice "buenos días" y "adiós" en cada lengua? Aquí lo tienes en el orden "geográfico": desde el océano Atlántico hasta el mar Mediterráneo.

Bos días
Adeus

Agur
Egun on

Bon día
Adeu

b. Escucha a unos hispanohablantes y compara con tus respuestas en el cuestionario. ▶▶ 14
¿Y en tu país? ¿Qué lenguas se hablan? ¿Son todas oficiales? ¿Hay dialectos? ¿Dónde? ¿En qué ocasiones se usan?

4

similitudes y diferencias culturales • autoevaluación • una imagen como actividad de expresión oral • estrategias de aprendizaje

Ahora ya sabemos…

Aquí tienes la posibilidad de valorar lo que has aprendido en las últimas lecciones. Marca en los dibujos de las caras el nivel que crees tener en cada tema. Luego haz las tareas y compara los resultados con un compañero o pregunta a tu profesor si no estás seguro.

2 En la consulta del médico y en la farmacia.
¿Qué dice el médico o el farmacéutico? ¿Y qué dice el paciente o cliente?

1. Para el problema de los ojos, puede tomar estas gotas dos veces al día.
2. ¡No sé qué me pasa, pero me duele mucho esta pierna!
3. No he dormido nada. Me siento mal. Hoy estoy fatal.
4. Vamos a ver, le voy a tocar la espalda. ¿Le duele aquí?
5. Tengo fiebre y mucha tos. Puede ser gripe, ¿verdad?
6. Necesito algo para el dolor de garganta. ¿Tiene algún jarabe sin receta?
7. ¿No tiene algo más fuerte para la diarrea?
8. Aquí tiene las pastillas. ¡Que se mejore!
9. ¿Necesito receta para estas gotas?
10. ¿Sabe usted si es alérgico a algún medicamento?

3 a. Experiencias de aprendizaje. 15
Lee estas respuestas. Después escucha las preguntas 1–4 y pon el número en la respuesta adecuada.

Ahora haz lo mismo con las preguntas 5–8. 16

- ☐ Sí, con los tiempos del pasado. Es lo que más me cuesta.
- ☐ Trabajar en parejas es lo que más me gusta. Así hablo más.
- ☐ Yo, los ejercicios, así puedo controlar si lo he hecho bien.
- ☐ Bueno, la "erre" y la "jota" me cuestan todavía.

- ☐ Sí, pero es un desorden con sistema.
- ☐ El piano me encanta. Me gustaría aprender a tocarlo.
- ☐ No, estoy bastante tranquila, es que me he preparado bien.
- ☐ Comparo mis frases con las reglas, eso me ayuda mucho.

b. Tu mesa de trabajo
En parejas. Describe la mesa donde estudias. ¿Qué cosas hay sobre la mesa y dónde están? Tu compañero la dibuja. Luego al revés.

4 El curso de español.
Escribe una carta al director de la escuela donde aprendes español. Comenta los siguientes aspectos.

¿Qué curso hiciste antes que este y qué aprendiste?
¿Qué te gustó del curso y qué no?
¿Quién fue tu profesor, cómo era y qué sabes de él?

4 Mirador

Terapia de errores

5 **a. Errores típicos.**
Silvia, una estudiante suiza, vivió un año con una familia española. Lee su carta de agradecimiento y busca los 10 errores. ¿Puedes clasificarlos según estos criterios?

- ortografía / acento
- concordancia
- tiempo verbal
- forma del verbo
- preposición
- conector
- orden de palabras
- pronombre

> Querida familia:
>
> ¿Qué tal estáis? Yo, bien. Bueno, todavía me estoy adaptando a los horarios de aquí. Volví a mi casa ya desde cuatro meses, pero acuerdo me mucho de vosotros y de España.
> Aquí me levanto a las siete y no tengo hambre, pero a las diez por la mañana necesito mi bocadillo de tortilla y mi café con leche cómo en España.
> Os escribo porque quiero darles las gracias por el año maravillosa que pasé con vosotros. Me sentí como en mi propia casa y viví muchos experiencias interesantes y divertidas. Vosotros y yo aprendimos que "lo español" y "lo alemán" pueden combinar muy bien. En resumen, era una experiencia fantastica.
> Ahora estoy preparado un viaje por Latinoamérica. Maite, ¿me acompañas?
>
> Un abrazo a todos,
> Silvia

b. Compara tus resultados con los de un compañero y explica tu decisión.
Luego entre todos se reescribe la carta sin errores para guardarla en el dosier.

Una imagen que da que hablar

6 **a. Al mirar un cuadro nos podemos hacer preguntas, incluso si no vamos a tener las respuestas.**
Primero mira el cuadro durante dos minutos y después cierra los ojos. ¿Qué recuerdas?

b. ¿Por qué el perro no juega con la pelota? ¿Quién es el señor de la cruz?
Estas son preguntas que alguien se ha hecho al mirar el cuadro. Y a ti, ¿qué te gustaría "preguntar" al pintor? Formula cinco preguntas. Luego, en grupos de tres, elegid las cinco más originales y presentadlas a la clase.

Equipo Crónica: Reinterpretación de las Meninas, España 1970

Aprender a aprender

7 **a. ¿Aprendes mejor hablando o cantando?**
Según los especialistas, todos tenemos ocho tipos de inteligencias, pero cada uno de nosotros puede tener unas más desarrolladas que otras. Eso tiene influencia en nuestra forma de aprender. Para ver si tienes una inteligencia dominante, marca con un color las cosas que te gusta hacer o que te parecen fáciles. ¿Dónde hay más color?

mis INTELIGENCIAS

corporal: actividades con movimiento, representar una escena, tocar las cosas, hacer deporte, bailar

verbal: aprender de memoria, contar historias, contar chistes, hacer poemas, escribir, hablar, leer

visual: ir a museos y exposiciones, leer planos de rutas, hacer crucigramas, trabajar con tablas y diagramas, hacer puzles, dibujar

lógica: hacer juegos de lógica, descubrir analogías, resolver problemas, hacer cálculos, ordenar algo, analizar

musical: cantar, hacer rimas, escuchar música, tocar un instrumento, buscar el ritmo en las frases

naturalista: buscar diferencias, coleccionar algo, observar detalles, estar en la naturaleza, observar animales o flores

social: charlar, explicar algo, ayudar a otros, trabajar en grupo, conocer a otras personas

intrapersonal: analizar, reflexionar, trabajar solo, tener un diario, tener responsabilidad

b. Ejercicios 'inteligentes'. Relaciona.
Ahora ya sabes qué inteligencias usas más. Vuelve a algunos ejercicios del libro. La mayoría de ellos tiene en cuenta una o dos inteligencias específicas. ¿A qué inteligencias crees que corresponden?

actividad	tipo de inteligencia
pág. 10, 2b	verbal
pág. 11, 4	visual
pág. 12, 6c	lógica
pág. 13, 8b	corporal
pág. 22, 2b	musical
pág. 27, 11	naturalista
pág. 28, tarea final	social
pág. 34, 3a	intrapersonal

c. Comenta las actividades con tus compañeros. ¿Te gustó hacerlas?
Si es así, probablemente coinciden con tu inteligencia dominante. Si no te gustaron, no te preocupes, seguramente no corresponden a tu forma preferida de aprender.

cuarenta y siete | 47

Lo quiero todo

5

formular preguntas y deseos en una tienda • describir el material y la forma de la ropa • referirse a objetos mencionados • elegir entre dos opciones • indicar el inicio, la continuación y el final de una historia

1 a. ¿Cómo compramos?

¿Tienes una tienda favorita? ¿Cuál?
¿Te gusta ir a los mercadillos?
¿Hay uno en tu ciudad? ¿Dónde? ¿Cuándo?
¿Has comprado alguna vez algo en un mercadillo? ¿Qué? ¿Dónde?
¿Sabes qué es **regatear**? ¿Sabes hacerlo?

b. Escucha dos diálogos. ¿A qué fotos se refieren? ▶▶ 17–18

c. Escribe en cinco minutos una lista de todo lo que se puede comprar en estas tiendas.

panadería | zapatería | carnicería | frutería | verdulería | farmacia | papelería | droguería | tienda de ropa | tienda de antigüedades | librería

cuarenta y nueve | 49

5 Lo quiero todo

De compras en el Rastro

2 **a. El Rastro de Madrid.**
Lee el texto y marca las informaciones sobre los horarios y las cosas que se pueden comprar allí. ¿Hay mercadillos parecidos en tu ciudad?

El Rastro, más que un mercadillo

Los domingos y festivos de 9 h a 15 h los madrileños practican una de sus actividades favoritas: ir al Rastro, el mercadillo más típico de Madrid y casi de España. El Rastro está en Embajadores, un barrio del centro con mucha tradición, y se puede decir que todos los madrileños han comprado alguna vez algo allí.

En el Rastro se puede encontrar de todo. Si alguien busca libros, algún mueble para la casa, ropa de segunda mano, alguna revista antigua, arte, algo que colecciona... tiene que ir al Rastro. Nadie sale con las manos vacías.

La mejor hora para ir es a partir de las 11 h, pero algunos van antes porque es más tranquilo y se puede regatear mejor, es decir, negociar el precio con los vendedores. Regatear bien es un arte.

Para terminar la visita al Rastro, lo mejor es ir a tomar unas tapas con un vasito de vino o una cerveza fresca en alguno de los bares típicos de la Plaza de Cascorro.

Alguno y **ninguno** se transforman en **algún** / **ningún** cuando acompañan a un sustantivo:
Algún mueble para la casa.

Cuando **nada**, **nadie** y **ningún**, **ninguno/-a** van después del verbo, hay que usar **no** antes de este:
No compro **nada**.

---

b. Lee la tabla de los pronombres indefinidos.
¿Cuáles se refieren a personas, cuáles a cosas y cuáles a las dos?

solo, invariable	hace referencia a un sustantivo	
• ¿Usted colecciona **algo**? ○ No, **nada**. **Alguien** busca libros antiguos. **Nadie** sale con las manos vacías. Me gusta **todo**.	todo/-a/-os/-as alguno/-a/-os/-as ninguno/-a/-os/-as	**Toda** la gente va al Rastro. **Algunos** regatean. • ¿Tiene **algún** reloj? ○ No, **ninguno**.

c. Mira las fotos de las páginas 48 y 49 y decide si estas frases son verdaderas o falsas.
Luego, corrige las falsas.

1. Todos los hombres llevan gafas.
2. Alguien fuma pipa.
3. Hay algunos objetos de cerámica.
4. No hay ningún cuadro.
5. Alguien regatea el precio de un libro.
6. No hay nada de cristal.
7. Ninguno de los sombreros es negro.
8. Nadie mira el caballo de bronce.
9. En todas las fotos hay algo de color rojo.
10. No hay ninguna mujer.

✏ 1–3

3 **a. Escucha a estas personas que han comprado algo y relaciona los diálogos con los objetos.** ▶▶ 19–22

50 | cincuenta

b. Escucha otra vez y luego lee estos extractos de los diálogos.
¿Para quién son los objetos que han comprado: para la persona que habla, para sus amigas, para su padre o para su hermana?

> **Me lo** he comprado esta mañana en el Rastro. Desde hace mucho tiempo quería uno así, de bronce y de estilo barroco.

> **Las** tenían en oferta. Pagabas dos pares y te llevabas tres. Quería regalar**les** algo a las dos. Como sé que **les** van a gustar, **se las** he comprado.

> **La** he comprado yo, pero voy a regalár**sela** a Malena para su comedor. ¿Verdad que es bonita?

> No, no son para mí. Desde que está jubilado **los** colecciona. Por eso **se los** he comprado.

¿Recuerdas?

| Lo / La / Los / Las | venden en el Rastro. |

| Me / Te / Le / Nos / Os / Les | gusta mucho. |

c. Ya conoces los pronombres de objeto directo (OD) e indirecto (OI). ¿Qué pasa si aparecen juntos? Completa la regla.

	OI	OD	
¿El espejo?	Me	lo	
¿La lámpara?	Te	la	
¿Los sellos?	~~Le~~ Se	los	he comprado en el Rastro.
¿Las sandalias?	Nos	las	
	Os		
	~~Les~~ Se		

El pronombre indirecto siempre va .... del directo. En la 3ª persona de singular y de plural **le / les** se convierten en ....:
Le compro una lámpara.
Se la compro.

✏ 4, 5

4 **Malena ha ordenado el sótano de su casa y escribe este correo a un amigo.**
Por un error del programa de corrección, el ordenador ha eliminado los pronombres. Reescribe el texto con los pronombres. La tabla de la página 59 te puede ayudar.

Hola Jaime:

Ayer empecé a ordenar el sótano y vi que tengo demasiadas cosas. Por ejemplo tengo todavía tu ordenador viejo. Tengo que devolver **a ti el ordenador**. ¿O puedo tirar **el ordenador**?
También encontré una caja con libros. Los libros de ciencia ficción le gustan mucho a Pablo, así que doy **los libros de ciencia ficción a Pablo**. Está muy contento y va a venir esta noche a buscar **los libros de ciencia ficción**.
¿Recuerdas que compré una maleta en el Rastro? Es roja y de cuero. Ahora veo que tengo tres, así que en realidad no necesito **la maleta**. Creo que Amelia necesita una. ¡Pues regalo **la maleta roja a Amelia**!
¿Y sabes que tengo todavía las sillas que Fran y Marisa me prestaron? Voy a devolver **las sillas a Fran y a Marisa** mañana, porque necesitan **las sillas** este fin de semana para su fiesta. Me parece que soy una consumista, tengo muchas cosas, demasiadas.

Un abrazo,
Malena

material
de cuero
de seda
de lana
de algodón

cincuenta y uno | 51

5 Lo quiero todo

¿Recuerdas?

Se la doy **a Martina**.
¿Qué **le** gusta **a su madre**?

6-8

5 **a. Has ganado estos objetos y se los quieres regalar a tus compañeros.**
¿A quién se los regalas? Apunta el nombre al lado de cada objeto. Después pregunta a un compañero qué hace con cada objeto. Luego, al revés.

- ¿Qué haces con la bicicleta rosa?
- Se la doy a Martina para su hija.

- una bicicleta rosa
- un cocodrilo de plástico para la bañera
- una camiseta con la foto de Shakira
- un oso de peluche de dos metros
- un póster del equipo del Real Madrid
- un libro de cocina china: "Cómo cocinar insectos"
- unos pantalones rojos de cuero

b. Piensa en cuatro regalos que has recibido: el más original, el que más te gusta, el más inútil y el más feo. ¿Quién te los regaló?

- El más original fue un bolígrafo con luz. Me lo regaló mi amiga Patricia.

Gastando dinero

6 **a. Una pareja va de compras. Escucha y lee. ¿Cuál es el problema?** 23

recursos para comprar

Sólo quería mirar.
¿Lo tiene en una talla más?
¿Lo tiene en otro color?
¿Me lo puedo probar?
¿Cuánto cuesta?
¿Lo puedo cambiar?

¿Qué número calza?
Está rebajado/-a.
¿Paga con tarjeta?
¿Paga en efectivo?

- ¿Les puedo ayudar en algo?
- Pues sólo queríamos mirar...
- ¡Mira, Juan! ¡Qué vestido más bonito! Perdone, ¿me lo puedo probar?
- Claro. Allí están los probadores.
- ¿Cómo te queda, Ana?
- Muy bien, muy bien.
- A ver... ¿No te queda estrecho? ¿Seguro que no necesitas una talla más grande?
- No, no. La talla 38 es mi talla.
- Vale, vale.
- ¿Y? ¿Qué tal? ¿Qué le parece el vestido?
- Muy bien, pero me queda un poco largo.
- Sí, sí, largo...

ancho
estrecho
largo
corto

b. Escucha dos diálogos en otras tiendas. ¿Dónde tienen lugar? 24-25
Completa y marca la opción correcta.

1. En una ....
a. Los zapatos
☐ no están rebajados.
☐ tienen un 40% de descuento.
b. El hombre
☐ calza el 43.
☐ no se prueba los zapatos.
c. El cliente quiere pagar
☐ con tarjeta de crédito.
☐ en efectivo.

2. En una ....
a. La clienta
☐ tiene un problema con un jersey.
☐ quiere comprar un jersey.
b. La clienta quiere
☐ probarse el jersey.
☐ cambiar el jersey.
c. La clienta
☐ no tiene el ticket de compra.
☐ necesita el ticket de compra.

9

52 | cincuenta y dos

c. Elige tres de los recursos para comprar de la página 52. Imagina qué frase se ha dicho antes. Después presenta el minitexto a la clase.

- ¿Qué desea?
- Sólo quería mirar.

- El violeta no me gusta. ¿Lo tiene en otro color?

7 a. Comprando.

Una empresa de venta por internet quiere conocer los hábitos de compra de sus clientes. Contesta las preguntas. Después se comparan las respuestas de la clase. ¿Observáis tendencias?

Yo comprador online

Home
Online shop
¡Nuevo!
Ofertas
Buscar

¡Conteste estas preguntas y gane un viaje a Tenerife!
→ ¿Qué edad tiene?
→ ¿En qué tipo de tiendas compra regularmente: supermercado, mercado, tienda del barrio…?
→ ¿Cuál de estas tiendas ofrece un servicio online?
→ ¿Qué productos ha comprado ya por internet?
→ Si compra por internet, ¿cuáles son sus motivos?
→ ¿Qué importancia tiene la marca para usted?
Gracias por su colaboración.

b. Lee otra vez las preguntas del cuestionario.
¿Cuándo se usa **qué** y cuándo se usa **cuál / cuáles**? Completa la regla y añade un ejemplo en cada columna de la tabla.

qué	cuál/es
¿Qué has comprado en el Rastro? ¿Qué prefiere, tiendas o mercadillos? ¿Qué productos compra usted por internet?	¿Cuál es su color favorito? ¿Cuál de estas tiendas ofrece un servicio online?

Cual nunca precede a un sustantivo:
¿Cuál vestido quiere?

✏ 10

c. En parejas. Primero completa las preguntas con qué, cuál o cuáles. Luego pregunta a tu compañero. Después, al revés. ¿Podéis ir de compras juntos?

1. ¿.................... tipo de tiendas de ropa prefiere?
2. ¿.................... son las tiendas donde compra regularmente?
3. ¿.................... tienda de bricolaje puede recomendar? ¿Por qué?
4. ¿.................... es la tienda que está más cerca de su casa?
5. ¿.................... compra usted por internet?
6. ¿.................... ha sido su compra más cara este año?

8 El precio de las cosas.

¿Estás dispuesto/-a…
- a pagar por un kilo de patatas biológicas el doble que por las normales?
- a pagar 2 € por un billete de metro para ir sólo hasta la próxima parada?
- a pasar por tres supermercados para comprar en cada uno los productos más baratos?
- a pagar 120 € por una entrada de un concierto de tu cantante/grupo favorito?

5 Lo quiero todo

El precio de la fama

9 **a. Una canción que vale millones: ¿conoces la canción "Borriquito"?**
Con esta famosa rumba llegó el éxito del cantante Peret. Lee el texto y marca las palabras relacionadas con la música.

Peret, una vida de ida y vuelta

La rumba tiene su origen en Cuba, pero en los años 50 la comunidad gitana de Barcelona empieza a mezclar la rumba tradicional con los ritmos andaluces y el rock. Así nace la "rumba catalana".
Peret, el "rey" de la rumba, nace en 1936 en Mataró (Barcelona). Su nombre real es Pere Pubill Calaf y viene de una familia gitana. No puede ir a la escuela porque tiene que ayudar a su padre en el trabajo, pero aprende solo a leer y también a tocar la guitarra.
Peret empieza a cantar muy joven. Como no tiene éxito, sigue trabajando como vendedor con su padre, pero su mujer, Sarita, lo anima a seguir cantando. En los años 60 encuentra trabajo en un tablao flamenco en Madrid. Entonces deja de trabajar con su padre y se dedica a la música.
A finales de los años 60 Peret es ya uno de los cantantes más famosos en España, es el favorito del público, gana mucho dinero y empieza a llevar una vida de lujo. En 1974 representa a España en el Festival de Eurovisión, pero su mayor éxito es la rumba "Borriquito", que es también número uno en Holanda y Alemania.
Pero la fama tiene su precio. Dinero, fiestas, ... Peret sufre una grave crisis en el año 1982 y decide abandonar su carrera musical. Deja de cantar y se dedica completamente a la Iglesia Evangélica como pastor y predicador. Ahí encuentra más satisfacción que en el mundo del espectáculo y durante años sigue sin cantar en público.
En 1992 vuelve a cantar en los Juegos Olímpicos de Barcelona. En el año 2000 vuelve a grabar un disco.
Para muchos artistas Peret sigue siendo un modelo y un maestro.

b. Contesta estas preguntas sobre Peret con las informaciones del texto.

1. ¿Cuándo **empieza a** cantar?
2. ¿Por qué **sigue trabajando** con su padre?
3. ¿Quién lo anima a **seguir cantando**?
4. ¿Cuándo **empieza a** llevar una vida de lujo?
5. ¿Por qué **deja de** cantar?
6. ¿En qué ocasión **vuelve a** cantar?

c. ¿Cómo se dice en tu lengua? Escríbelo en la siguiente tabla.

perífrasis verbales	
empezar a + infinitivo	....
seguir + gerundio	....
dejar de + infinitivo	....
seguir sin + infinitivo	....
volver a + infinitivo	....

d. Cinco preguntas a Peret.
Prepara una entrevista al cantante Peret. Escribe cinco preguntas usando los interrogativos: **quién**, **cómo**, **cuándo**, **dónde** y **por qué**. Después, cada uno presenta sus preguntas y se eligen las diez más interesantes.

10 **¿Puedes resumir las frases usando las expresiones del cuadro de la página 54?**

1. Antes íbamos mucho al cine, por lo menos una vez por semana. Ahora tenemos DVD y vemos las películas en casa.
   Hemos dejado de ir al cine.

2. Yo canto en un coro. Desde hace unos meses tengo un nuevo trabajo y tengo que viajar mucho. Pero intento ir a todos los ensayos del coro.

3. Cuando era joven, Fernando tocaba la guitarra. Mientras trabajaba como representante no tenía tiempo. Pero ahora está jubilado y toca incluso en un grupo de jazz.

4. Mi padre coleccionaba sellos. Hace poco vendió su colección.

5. Me encanta leer y tengo la casa llena de libros. Un amigo me recomendó ir a la biblioteca en vez de comprarlos. Me pareció una buena idea, ahora voy regularmente.

6. Mis padres nunca han hecho deporte. El médico les dice que tienen que hacer algo, pero no les gusta y no lo hacen.

11 **a. Haced una encuesta en la clase. ¿Quién encuentra primero a una persona para cada aspecto?**

¿Quién de la clase
- ha dejado de fumar?
- ha empezado a aprender algo nuevo este año?
- sigue viviendo en la ciudad donde nació?
- sigue trabajando en la misma empresa desde hace más de 10 años?
- ha vuelto a casarse el año pasado?
- sigue sin recordar los indefinidos irregulares?
- ha vuelto a olvidar los deberes?

b. ¿Quieres cambiar tu vida?
Completa este pequeño poema. Luego se leen las diferentes versiones en la clase.

Mis buenos propósitos
Voy a cambiar mi vida.
¿Cómo? Me preguntas.
Empiezo a _____
y dejo de _____
Sigo _____
y vuelvo a _____
Voy a cambiar mi vida.
¿Cuándo? ¿Me preguntas?
Mañana, mañana.

5 Lo quiero todo

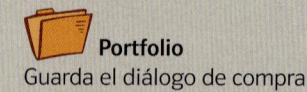

Portfolio
Guarda el diálogo de compra en tu dosier.

Tarea final De compras

Un guión para un diálogo en una tienda.

1. En parejas. Elegid dos perfiles de personas, una tienda y una situación. Escribid un diálogo con instrucciones para representarlo. Para inspiraros, podéis revisar los diálogos de la unidad.

   Perfiles
   – Un vendedor amable
   – Un vendedor antipático
   – Un cliente complicado
   – Un cliente que regatea

   Tiendas
   – Una boutique exclusiva
   – Un mercadillo
   – Una tienda de muebles y objetos de decoración

   Situación
   – Comprar un producto
   – Cambiar un objeto
   – Problema para encontrar el producto deseado

2. Luego cada pareja recibe el diálogo de otra y lo representa.

> En una tienda de muebles de diseño: una vendedora amable y una clienta complicada.
> Ella no encuentra lo que quiere.
>
> (Una señora elegante entra en una tienda.)
> – Buenas tardes.
> + Buenas tardes.
> – Quería una silla elegante pero cómoda.
> + ¿Qué le parece esta?
> – Esa es elegante ¿pero cómoda? No me gusta. ¿Tiene otras?
> (La vendedora busca otras sillas.)
> …

La clave está en el pasado

Capítulo 4: ¿Un testigo?

El siguiente paso era hablar con el vigilante. Se llamaba Antonio, estaba muy nervioso y parecía muy cansado. Tenía los zapatos y los pantalones sucios de barro.
– ¿Me puede contar qué pasó? – le pregunté.
– La noche empezó mal, llegué diez minutos tarde al trabajo y, además, la máquina de café no funcionaba.
– ¿A qué hora empieza usted a trabajar?
– A las nueve.
– Pero ayer llegó un poco tarde.
– Sí, a las nueve y media. Llovía mucho y había mucho tráfico. Siguió lloviendo hasta hace un momento. Entré, me puse el uniforme,…
– ¿Los zapatos son también parte del uniforme?
– Sí. Son zapatos especiales porque tenemos que movernos sin hacer ruido.
– Muy interesante. ¿Qué hizo después?
– Después hice mi ronda de control. Cada hora controlo todas las salas. Cuando terminé la ronda, busqué unas monedas para comprarme un café y observé las pantallas de las cámaras de vigilancia. En la ronda de las cuatro descubrí el robo.
– ¿Qué vio?
– Que la ventana de la oficina del director estaba rota. Desde fuera, porque los cristales de la ventana estaban dentro de la habitación.
– ¿Qué hizo cuando descubrió el robo?
– Llamé al director y esperé.
– ¿No salió del museo?
– No. Todavía no.
– Entonces dice usted mentiras.
– ¿Yo?
– Sí. Tres veces ha mentido usted.

*Lee atentamente el testimonio del vigilante.
¿Has encontrado las tres contradicciones?*

56 | cincuenta y seis

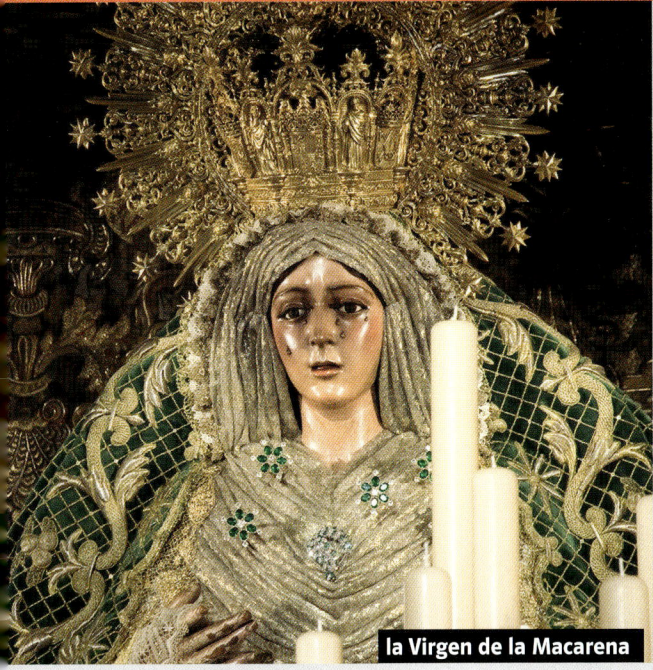

la Virgen de la Macarena    un paso

De fiesta

La Semana Santa 
Hola, me llamo Charo Torres y soy sevillana, pero ahora vivo y trabajo en Alemania. ¿Una fiesta importante de mi ciudad? Pues, la Semana Santa que recuerda la pasión y la muerte de Jesucristo. Claro que esta fiesta cristiana se celebra en toda España y Latinoamérica en la semana antes de Pascua, pero la de Sevilla es la más espectacular. Para nosotros, los sevillanos, claro. Si preguntas en Málaga o Granada, te van a decir otra cosa… Pero bueno, yo os cuento cómo es en Sevilla.
¿Por qué es tan bonita? Porque aquí la Semana Santa se vive con una intensidad especial. En mi familia todos somos miembros de la "cofradía" de la Virgen de la Macarena, una de las casi 60 asociaciones de católicos que organizan las procesiones y cuidan todo el año los "pasos". Los pasos son unas figuras enormes que representan diferentes escenas (o pasos) de la pasión de Cristo o una imagen de la Virgen María. Mi preferida es la Macarena, por supuesto, una figura preciosa del siglo XVII que sale el Viernes Santo en la procesión. Aquí tenéis una foto.
Cada día de la Semana Santa hay procesiones de diferentes cofradías que recorren con sus pasos las calles llenas de gente.
Los "costaleros" de cada cofradía llevan el paso a hombros. No es fácil porque un paso puede pesar hasta seis toneladas. Por eso tienen que parar después de algunos metros para descansar y tomar fuerza. Entonces todo el mundo espera en silencio. Uno de los momentos más emocionantes es cuando vuelven a levantar el paso después de una pausa. Entonces se rompe el silencio y se escuchan aplausos y gritos.
Algo especialmente fascinante y misterioso de la Semana Santa andaluza son las "saetas". Así se llaman unos cantos improvisados que se cantan espontáneamente a las imágenes de los pasos. Cuando una persona empieza a cantar, toda la procesión se para. Las saetas tienen una melodía muy especial y recuerdan la tradición musical del flamenco y la música árabe. Son muy difíciles de cantar.
Pero quizás lo más famoso de nuestras procesiones son los "nazarenos", los miembros de la cofradía que acompañan el paso. Llevan una capucha muy alta, que cubre toda la cara menos los ojos, y una capa muy larga con los colores de la cofradía. Algunos van descalzos.

■ *¿Se celebra la Semana Santa en tu país? ¿Qué se hace? ¿Hay también procesiones?*
■ *¿Se come algo especial el Viernes Santo o el Domingo de Pascua?*

nazarenos

cincuenta y siete | 57

5 Lo quiero todo

Comunicación

Describir la ropa

> ancho/-a
> estrecho/-a
> corto/-a
> largo/-a

Decir de qué material está hecho algo

> una chaqueta
> de seda
> de lana
> de cuero
> de algodón

Indicar el inicio, la continuación y el final

> Peret empieza a cantar muy joven.
> Pero sigue trabajando como vendedor.
> Después de una crisis deja de cantar.
> Vuelve a cantar en los Juegos Olímpicos.

Preguntas y expresiones en una tienda

> ¿Qué talla tiene/-s?
> ¿Qué número calza/-s?
> Está rebajado/-a.
> ¿Paga/-s con tarjeta o en efectivo?
> Sólo quería mirar.
> ¿Lo / La tiene/-s en una talla más / menos?
> ¿Lo / La tiene/-s en otro color?
> ¿Cuánto cuesta?
> ¿Me lo / la puedo probar?
> ¿Dónde están los probadores?
> ¿Lo / La puedo cambiar?
> ¿Me devuelven el dinero?

Gramática

El uso de qué y cuál/cuáles

> ¿**Qué** has comprado en el Rastro?
> ¿**Qué** prefieres: tiendas o mercadillos?
> Tenemos blusas y camisetas. ¿**Qué** quiere probarse?
> ¿**Cuál** es la tienda que está más cerca de tu casa?
> Si compra por internet, ¿**cuáles** son sus motivos?
> Tengo una blusa de seda y otra de algodón. ¿**Cuál** prefieres?

Se usa ¿**qué**? para preguntar por la identidad de algo en general o para escoger entre elementos diferentes.
Se usa ¿**cuál**?/¿**cuáles**? para preguntar por cosas dentro de un conjunto ya conocido o para escoger entre diferentes cosas dentro de un tipo de elementos:
¿**Cuál** de las blusas te gusta más?
¿**Cuál/cuáles**? nunca va delante de un sustantivo:
¿**Cuál** blusa quiere?

5

Perífrasis con infinitivo y gerundio

empezar a hacer
volver a hacer
ir a hacer
dejar de hacer
seguir haciendo
seguir sin hacer

Pronombres indefinidos

invariables
¿Usted colecciona **algo**?
No, no colecciono **nada**.
Quiero comprar **todo**.
Alguien busca libros antiguos.
Nadie sale con las manos vacías.

variables	
todo/-a/-os/-as	**Toda la** ciudad va al Rastro.
	Todos los madrileños compran algo.
alguno/-a/-os/-as	¿Tienen **alguna** revista antigua?
ninguno/-a/-os/-as	Lo siento, no tenemos **ninguna**.

Algo, **nada** y **todo** se refieren a cosas, **alguien** y **nadie** a personas.
Los pronombres variables se refieren siempre a un sustantivo, aunque no se mencione.
Alguno y **ninguno** se convierten en **algún / ningún** cuando preceden a un sustantivo masculino: Buscamos **algún** mueble para la casa.
Cuando **nada**, **nadie** o **ninguno/-a/-os/-as** van detrás del verbo tiene que ir obligatoriamente un **no** delante de este:
Hoy **no** compro **nada**.

Pronombres de objeto directo e indirecto

indirecto	directo	combinados	
me	me	me	
te	te	te	
le	lo, la	**se**	lo/la/los/las
nos	nos	nos	
os	os	os	
les	los, las	**se**	

Los pronombres directos e indirectos solo se diferencian en la 3ª persona. Cuando hay dos pronombres en la frase, el indirecto va delante del directo:
Me lo compro.
Cuando coinciden dos pronombres de 3ª persona, **le/les** se convierten en **se**.
Los pronombres de objeto preceden al verbo; pero, al usar un infinitivo, pueden colocarse justo detrás de este:
Quiero comprár**melo**.

cincuenta y nueve | 59

¡Qué amable!

¡Enhorabuena! Nos alegramos mucho por el nacimiento del pequeño Martín.
Un beso grande para los papás y el bebé.
Verónica y Gustavo

Delta Construcciones cumple 100 años
Le invitamos cordialmente a la fiesta de nuestro centenario el próximo sábado a las 19:00 h en el Hotel Ritz, Avda. de Mayo, 1111.

Queridos abuelos:
Muchísimas gracias por el regalo de cumpleaños. ¡Es hermoso! Ha sido realmente una sorpresa, de verdad. Gracias otra vez.

Besos,
Marcela

Flores para mamá. En la mayoría de los países hispanohablantes el día de la madre se celebra el segundo domingo de mayo, pero en España es el primero. Y en Argentina es el tercer domingo de octubre.

6

felicitar • invitar • presentar a alguien • dar un regalo • ofrecer algo •
pedir permiso • dar consejos

1 **a. Lee los textos y subraya las fiestas o los acontecimientos que se mencionan.**

b. Escucha tres diálogos y relaciónalos con las fotos o tarjetas. 26 – 28
Luego escucha otra vez y marca las expresiones que se mencionan en los diálogos.
¿Cuándo se usan las otras expresiones?

- ☐ Feliz Navidad
- ☐ Feliz santo
- ☐ Bienvenidos
- ☐ Feliz cumpleaños
- ☐ Próspero Año Nuevo
- ☐ Gracias, igualmente
- ☐ Enhorabuena
- ☐ Felices fiestas
- ☐ Felicidades
- ☐ ¡A su salud!
- ☐ ¡Mucho éxito!
- ☐ ¡Que lo pases bien!

c. ¿Cómo celebras tú estas fiestas? ¿Cuándo envías tarjetas o regalas flores?

Una piñata para los niños. En Perú no se puede imaginar un cumpleaños sin estas famosas figuras de papel de colores y llenas de frutas y dulces.

Un libro y una rosa para una persona querida: es el regalo tradicional en Cataluña el 23 de abril, que es el día de Sant Jordi y también el día del libro.

sesenta y uno | **61**

6 ¡Qué amable!

Te invito a mi fiesta

2 **a. ¿Te gusta organizar fiestas? ¿En qué ocasiones lo haces? ¿Dónde?**
¿Se baila? ¿Cuál fue la última fiesta que organizaste?

b. Lee esta invitación. ¿Cuándo, dónde y por qué tiene lugar la fiesta?

> Queridos amigos:
> ¿Sabéis qué pasa el próximo sábado? ¡Es mi cumpleaños! Esto hay que celebrarlo, ¿no? Estáis todos invitados a mi fiesta, que es en mi casa y empieza a las 9 de la noche. ¿Hasta qué hora? Eso depende de vosotros, porque va a haber comida, bebida y música toda la noche.
> Vais a venir todos, ¿verdad? ¿Me lo confirmáis? Aquí os espero.
> Hasta el sábado.
> Un abrazo,
> Adriana
>
> ¿Alguien puede traer música para bailar? Es que no sé si tengo suficiente.

c. Algunas amigas llaman a Adriana. Marca las opciones correctas. 29–31

1. ☐ Cristina va la fiesta.   ☐ Cristina no puede ir a la fiesta.
2. ☐ María va a llevar música.   ☐ María va a llevar un pastel.
3. ☐ María quiere llevar a su novio.   ☐ María quiere llevar a un amigo.

d. María habla por teléfono con Adriana. Observa lo que dicen.

ir, venir y llevar, traer	ubicación
María: "Adriana, **voy** a tu fiesta y **llevo** cedés."	María no está en casa de Adriana.
Adriana: "¡Qué bien! **Vienes** a mi fiesta y **traes** cedés."	Adriana está en su casa.

3 **a. Siempre hay motivos para celebrar una fiesta.**
Decide qué día dentro de las próximas semanas quieres celebrar una fiesta.
Luego escribe en un papel una invitación explicando el motivo de la fiesta, cuándo y dónde es, etc.

b. En grupos de cuatro. ¿Quién viene a mi fiesta?
Cada uno pasa la invitación que ha escrito a otra persona del grupo, que decide si va o no a la fiesta y escribe una respuesta. Después pasa la invitación al siguiente, que también contesta por escrito. ¿Quién va a tu fiesta?

invitar	contestar por escrito
¿Qué haces el sábado? Es que doy una fiesta en mi casa. El sábado doy una fiesta, estás invitado/-a. El sábado celebro mi santo, ¿te apetece venir? Te escribo para invitarte a…	Gracias por la invitación. Voy con mucho gusto. ¿Llevo algo para comer o beber? ¡Hasta el viernes!

Recuerda:
ir y **llevar** → de aquí a ahí
traer y **venir** → de ahí a aquí

1–3

¿Recuerdas?

Aceptar:
Vale, perfecto.
¡Claro! ¡Por supuesto!

Rechazar:
Me encantaría, pero…
Lo siento, pero es que…

¡Qué buen ambiente!

4 a. En la fiesta de Adriana pasan muchas cosas. 32–36

Lee y escucha los diálogos. Subraya las diferencias que hay entre el texto escrito y el que escuchas. Luego escucha otra vez (con pausas) y apunta las expresiones diferentes.

TOMA, TE HE TRAÍDO UNA COSITA.

¡MUCHAS GRACIAS! ¡PERO SI NO HACÍA FALTA! ¿POR QUÉ TE HAS MOLESTADO? ¿NO QUIERES ENTRAR? PASA, PASA.

¿CONOCES A FRANK?

NO, NO LO CONOZCO.

MIRA, CRISTINA, TE PRESENTO A FRANK, UN AMIGO DE EDUARDO.

ENCANTADA.

¿TE PONGO UN POCO MÁS, FRANK?

GRACIAS, ¡QUÉ AMABLE! PERO ESTOY LLENO. YA HE COMIDO MUCHO.

VENGA, HOMBRE. TOMA UN POQUITO MÁS. LAS PATATAS BRAVAS ESTÁN BUENÍSIMAS.

BUENO, SI INSISTES.

UFF, ¡QUÉ CALOR HACE! ¿TE IMPORTA SI ABRO LA VENTANA?

¡QUÉ VA! ¡ÁBRELA, ÁBRELA!

ADIÓS, ADRIANA, Y MUCHÍSIMAS GRACIAS POR LA INVITACIÓN. LO HE PASADO MUY BIEN.

ADIÓS, FRANK, Y GRACIAS POR HABER VENIDO.

b. Busca en los diálogos y en las frases que has apuntado las expresiones para...

	¿Qué se dice?	¿Cómo se reacciona?
entregar un regalo:	Toma. Te he traído una cosita.	
presentar a alguien:		
ofrecer algo:		
pedir permiso:		

4, 5

sesenta y tres | **63**

6 ¡Qué amable!

5 **a. En parejas. Escribid un diálogo entre la anfitriona y un invitado. Aquí tenéis el guión. Después representadlo.**

INVITADO
1. saluda y felicita
3. entrega un regalo

6. reacciona
8. reacciona (acepta / rechaza)
9. quiere bailar con la anfitriona
11. tiene que irse

ANFITRIONA
2. reacciona
4. reacciona
5. presenta al invitado a otro invitado
7. ofrece algo para beber y comer

10. reacciona
12. reacciona

empezar una conversación

En una fiesta:
¡Qué fiesta más divertida!

En el tren / autobús:
¿Sabe si falta mucho para llegar a…?

Siempre:
¡Qué frío / calor hace!

b. El gran juego de la conversación social.
Se juega en grupos de 3 ó 4 con una moneda: cara = se avanza una casilla, cruz = tres casillas. Está permitido consultar la tabla de la página anterior. Si se cae en la misma casilla que un compañero, se puede repetir la frase.

1 ¿Qué dices?

2 Tu compañero de la derecha y el de la izquierda no se conocen. Tú los presentas.

3 Dibuja (o escribe) un regalo en un papel y dáselo a tu compañero de la derecha. Él reacciona.

4 Tu invitado no quiere postre, pero tú insistes. ¿Qué dice cada uno?

8 Recibes este mensaje de móvil: "Esta noche fiesta en mi casa, ¿vienes?" ¿Qué contestas?

7 La fiesta te gusta mucho. Coméntaselo a los otros invitados.

6 ¿Qué dices para ofrecerla? Tu compañero de la izquierda reacciona.

5 Tu compañero te comenta que tiene un nuevo trabajo muy bueno. ¿Cómo reaccionas?

9 ¿Qué dices para ofrecerlo? Tu compañero de la derecha rechaza y da una explicación.

10 Tu compañero de la izquierda te invita a una fiesta, pero no puedes ir. Representadlo.

11 Una invitada te desea ¡Feliz Navidad! ¿Qué le contestas?

12 Te gusta mucho la comida. ¿Qué le dices a la anfitriona?

Meta:
¡Enhorabuena!
Ya dominas la conversación social.

64 | sesenta y cuatro

c. En parejas. ¿Recuerdas una fiesta en la que estuviste?
Cuéntasela a tu compañero. Después algunos voluntarios cuentan la fiesta de su compañero a toda la clase.

motivo de la fiesta | tipo de invitación (desayuno / cena…) | lugar de la fiesta | regalo | personas invitadas | actividades (bailar…) | pasarlo bien / aburrirse

¡Pasa, pasa!

6 a. Cierra los ojos y escucha este poema. ¿Qué palabras recuerdas? ▶▶ 37

Ven a mi fiesta.
Pasa, pasa.
Mi casa es tu casa.
Entra, entra,
aquí están tus amigos.
Ponte, ponte,
¿no quieres más comida?
Come, come,
todo esto es para ti.
¿Qué tal la fiesta?
Pasa, pasa.

Pasa, pasa.
Mi casa es tu casa.
Bebe, bebe
y brinda con nosotros.
Dime, dime,
¿te gusta esta música?
Baila, baila
hasta el amanecer.
Se acabó la fiesta.
Vuelve pronto.
Mi casa es tu casa.

b. Ahora escucha y lee el poema. Intenta memorizar por lo menos dos líneas.
Después, cierra el libro y escríbelas.

c. Entre todos intentad reconstruir el poema con los versos que habéis apuntado.

7 a. Busca en el poema las formas del imperativo y completa la tabla.

	pas**ar**	beb**er**	abr**ir**
tú	....	....	abre
usted	pas**e**	beb**a**	abr**a**
ustedes	pas**en**	beb**an**	abr**an**

	poner	venir	decir
tú	pon	ven	di
usted	ponga	venga	....
ustedes	pongan	vengan	digan

En el imperativo de **vosotros** la **-r** del infinitivo se cambia por una **-d**: pasa**d**, bebe**d**, veni**d**. Los verbos con cambio vocálico en presente lo mantienen en el imperativo: v**ue**lve, c**ie**rren.

b. Transforma el poema utilizando las formas de usted.

c. En parejas. El juego del robot.
Elige cinco actividades y escribe imperativos en la forma de **usted**. Da las órdenes a tu compañero, que tiene que hacer lo que tú dices. Luego al revés.

escribir su nombre en la pizarra | cerrar el libro | cruzar las piernas | aplaudir | levantarse y sentarse | venir aquí | dejarme un lápiz | tocarse la nariz / oreja | conjugar un verbo | cantar | cerrar los ojos | escucharme | repetir la frase "El imperativo es pan comido."

6 ¡Qué amable!

El imperativo se usa también para dar permiso. En este caso se suele repetir una vez. Los pronombres se colocan siempre detrás del verbo: ábre**la**, bája**lo**.

En español se intenta evitar responder solo con un **no**. Lo habitual es contestar con una excusa, que se entenderá como rechazo.

✏ 6-8

el superlativo en -ísimo/-a

much**o** – much**ísimo**
divertid**a** – divertid**ísima**
tard**e** – tard**ísimo**
ri**ca** – ri**quísima**

8 a. ¿Puedo...?
En muchas situaciones tenemos que pedir permiso, también en las fiestas. Relaciona.

pedir permiso	reaccionar
¿Puedo usar esta servilleta?	Por supuesto, ponte, ponte.
¿Puedo ponerme un poco más de vino?	Mejor en el balcón.
¿Puedo fumar aquí?	Claro que no. Bájalo, bájalo.
¿Te importa si bajo el volumen de la música?	Toma esta otra, esa está sucia.

b. En parejas. Estás en una fiesta. ¿Qué dices en estas situaciones?
Tu compañero reacciona. Luego al revés.

- ¿Puedo abrir la ventana?
- Claro, ábrela, ábrela.

- Usted tiene calor.
- Usted tiene sed.
- Hay servilletas en la mesa y usted necesita una.
- Quiere sentarse en la única silla libre.
- Usted quiere otro trozo de tortilla.
- Usted no tiene cuchillo.
- Usted tiene frío y quiere cerrar la ventana.

Fue una gran fiesta

9 a. Pequeños malentendidos.
Un español y un alemán cuentan sus impresiones de la fiesta desde una perspectiva diferente. ¿Qué tema se trata en cada párrafo?

¿Qué tal la fiesta, Eduardo?
Muy bien. Fue divertidísima. Fui con mi amigo Frank, que está de visita aquí en España. Frank lo pasó muy bien, pero ¡cómo come este chico! Adriana preparó muchas cosas riquísimas y le sirvió un plato lleno. Frank se lo comió todo. Y después otro y otro. ¡Nunca he visto a nadie comer tanto en una noche!
★★★
Frank le trajo una botella de vino a Adriana, la anfitriona, y se extrañó muchísimo porque ella lo abrió y se lo ofreció a los invitados. Era un buen vino. Frank sabe muchísimo de vinos. Estaba riquísimo.
★★★
No sé qué le pasó a Frank en la despedida. Dijo "adiós" y se fue. Así, sin más. No necesitó más de dos minutos. Nosotros pensamos que estaba enfadado o que tenía prisa. Es un buen amigo, pero a veces no entiendo su manera de actuar.

¿Qué tal la fiesta, Frank?
Me gustó mucho. Eduardo tiene unos amigos simpatiquísimos. Pero creo que piensan que no como suficiente porque Adriana, la anfitriona, siempre me ponía más comida y decía "Come, come". Y yo comía. Después otra vez. "Ponte, ponte más". Yo le decía que no, pero ella me ponía más y más comida. Al final ya no podía más.
★★★
Adriana debe ser una chica muy generosa. Le regalé un vino, un gran vino, buenísimo y bastante caro. Pero ella lo abrió y lo compartió con sus amigos. No lo guardó para una ocasión especial.
★★★
Se nota que todos son buenos amigos, porque no querían separarse. Estaban despidiéndose y decían "Bueno, es tardísimo, nos vamos" y empezaban otra vez a hablar. Lo dijeron por lo menos tres veces. Yo dije "adiós" y me fui. Necesitaba caminar porque había comido muchísimo.

b. Marca en el texto las palabras clave de cada malentendido.

c. ¿Qué pasó en la fiesta? Elige una opción.

1. ¿Por qué comió tanto Frank?
   ☐ Porque tenía hambre.
   ☐ Porque Adriana insistía mucho.
2. ¿Por qué Frank se sorprendió cuando Adriana abrió la botella de vino?
   ☐ Porque era muy caro.
   ☐ Porque era un regalo para ella y no para tomar en la fiesta.
3. ¿Por qué Frank se despidió tan rápido?
   ☐ Porque estaba enfadado.
   ☐ Porque en su país es normal despedirse así.

d. Al día siguiente Frank y Eduardo hablan de la fiesta. ▶ 38
Escucha la conversación y comprueba tus respuestas. Luego explica las reacciones de Frank.

hablar de normas

es normal
es usual   ⎫
tienes que   ⎬ + infinitivo
no puedes   ⎭

10 ¿Qué tal ayer en el cine?
Completa la tabla y luego el diálogo con la forma adecuada de algunos adjetivos.

adjetivo	-ísimo/-a
interesante	
	grandísimas
pocos	
	facilísimas
rico	
	cansadísima
buena	

● ¡La película de ayer fue .... !
○ Bueno, estuvo bien, pero nada especial.
● ¿Y la sala del cine? ¡Era .... !
○ ¿Tú crees? A mí me pareció normal.
● ¿Y el bocadillo que comimos después?
  ¿No estaba .... ?
○ Sí…, estaba ...., pero el pan estaba duro.
● Carmen, ¿estás .... o de mal humor?

11 a. Marca en el texto sobre los malentendidos todos los ejemplos de buen y gran y completa la tabla.

	grande	bueno/-a	malo/-a
masculino	un .... vino	un **buen** amigo	hace **mal** tiempo
femenino	una **gran** sorpresa	una .... idea	no es .... idea

Las formas abreviadas de estos adjetivos se usan cuando preceden al sustantivo. Fíjate en el cambio de significado:
un gran libro *(calidad)*
un libro grande *(tamaño)*

✏ 9, 10

b. Piensa en un ejemplo para cada caso y completa con buen, gran o mal en la forma adecuada. Luego, en parejas, di tus ejemplos. Tu compañero reacciona.

una *gran* actriz: *Penélope Cruz*
un .... libro: ....
una .... película: ....
un .... amigo: ....
un .... trabajo: ....
un .... día: ....
un .... consejo: ....
un .... ejercicio: ....

● Penélope Cruz es realmente una gran actriz, me gusta mucho.
○ ¿De verdad? Pues, no sé…

reaccionar

¿De verdad?
¿Tú crees?
¡No me digas!
Tengo lo mismo.

sesenta y siete | 67

6 ¡Qué amable!

Tarea final Guía del invitado cortés

La oficina de turismo de tu ciudad te ha pedido escribir una pequeña guía para hispanohablantes que están invitados a una fiesta en tu país.

1. ¿Qué conviene hacer o no hacer en tu país cuando se recibe una invitación? Aquí tienes algunos aspectos que puedes tener en cuenta:

   ser puntual | llevar un regalo | llevar flores | abrir el regalo | comer todo lo que le ofrecen | hablar de la familia | hablar del sueldo | hablar del trabajo | ayudar en la cocina | vestirse bien | quitarse los zapatos | cuánto tiempo quedarse | cómo despedirse | …

2. Escribe ahora la guía con algunos consejos.

3. Finalmente, se exponen los textos en clase. ¿Son parecidos o hay muchas diferencias?

Portfolio
Guarda el "Manual de supervivencia" en tu dosier.

Manual de supervivencia

- Si alguien te invita su casa, es importante ser puntual.
- Si quieres llevar algo, …
- …

La clave está en el pasado

Capítulo 5: Una confesión

Ya sabíamos que Antonio, el vigilante, no decía la verdad. Esta fue su confesión:
– Es verdad, yo ayudé a los ladrones a robar "la fórmula".
– ¿Quiénes son los ladrones?
– La banda de los "monolingües", a la que también pertenezco.
– ¿Los monolingües?
– Sí. Somos un grupo de personas que odian las lenguas.
– ¿Por qué?
– Porque sirven para comunicar, para conocer nuevas culturas, para poder viajar por el mundo, para hacer amigos…
– ¡Pero todo esto es positivo!
– No para nosotros. Lo odiamos.
El vigilante hablaba como un fanático.
– Nuestro objetivo es boicotear el aprendizaje y…
En ese momento una flecha se clavó en el brazo de Antonio. La flecha contenía "preteritina", una droga que borra las conjugaciones de los pasados de la memoria. Su efecto es inmediato. Esto es lo que el vigilante contó después:
– La banda *nacer* hace dos años. La *fundar* Juan Silencio. Antes Juan Silencio *ser* una apasionado de las lenguas. Él *poder* pasar horas haciendo ejercicios, *encantarle* los textos en otras lenguas, siempre *escuchar* diálogos y *cantar*… Pero un día *tener* una experiencia traumática: él *hacer* un ejercicio mal en clase y su profesor *reírse* de él. Entonces *perder* su amor por las lenguas y *empezar* a odiarlas. Por eso *decidir* boicotear el aprendizaje de lenguas: arrancar páginas de los diccionarios, escribir reglas falsas en las gramáticas y ahora, su golpe maestro: ¡ha robado "la fórmula"!

No tengo tiempo de escribir los verbos en su forma correcta porque tengo que seguir a la persona que ha disparado la flecha. ¿Puedes corregir la confesión?

De fiesta

El Velorio de Cruz de Mayo (Venezuela)

Hola, me llamo Silvia Colina y soy venezolana.

¿Una fiesta de mi país? Pues una fiesta fascinante y que, además, se celebra en todo el país es el Velorio de Cruz de Mayo, que empieza el tres de mayo y puede durar todo el mes. Aunque es una fiesta religiosa, también hay mucha diversión.

Xipetotec

Como en muchas fiestas de Latinoamérica, en el Velorio de Cruz de Mayo se unen elementos cristianos con antiguas tradiciones prehispánicas. Según la leyenda, la cruz de Cristo se encontró el día tres de mayo del año 324. Esta fecha coincide con una fiesta indígena para celebrar la primavera y la época de lluvias. Es el culto a la Madre Tierra y al dios maya Xipetotec. La cruz siempre formaba parte de las culturas prehispánicas, simbolizaba la vida, por esto una fiesta con una cruz no significó nada nuevo.

Cuando se celebra el Velorio de Cruz de Mayo, se decoran cruces con papel de seda y se ponen en un altar decorado con sábanas blancas o azules que simbolizan el cielo, y claro, con muchas flores, plantas y velas. Las cruces están en lugares públicos o en la calle, donde todos pueden verlas.

Llevamos ofrendas de flores y frutas y cantamos canciones religiosas o profanas delante del altar. Por supuesto en una fiesta no puede faltar la comida y la bebida, así que cada uno trae un plato tradicional, y cerca de la cruz comemos y bebemos. Lo más típico es caldo de gallina, bollitos de maíz, queso blanco y dulces. ¡Hmm! ¡Qué rico! Para beber no puede faltar el café, para mantenerse despierto, y también bebidas alcohólicas como ron y cerveza.

A los venezolanos nos gusta mucho la música, por eso una fiesta sin música y baile no es fiesta. El Velorio de Cruz de Mayo es una fiesta religiosa, sí, pero después llega la música y el baile, y el velorio se convierte en "el bailorio". En mi ciudad, Santa Teresa del Tuy, se baila "el tambor". Los ritmos y los instrumentos musicales son diferentes en cada región, pero todos compartimos las ganas de disfrutar y pasarlo bien.

- ¿Conoces otras fiestas religiosas? ¿Y otras fiestas en mayo?
- ¿Crees que se están perdiendo las fiestas tradicionales?

Velorio de Cruz de Mayo, dibujo de Anton Goering, 1892

sesenta y nueve | **69**

6 ¡Qué amable!

Comunicación

Felicitaciones y buenos deseos

> Feliz Navidad
> Próspero Año Nuevo
> Feliz cumpleaños
> Feliz santo
> Felicidades
> Enhorabuena
> Felices fiestas
> Mucha suerte
> Salud

Invitar

> El sábado celebro mi santo, ¿te apetece venir?
> El sábado doy una fiesta, estás invitado/-a.
> Te escribo para invitarte a…

Aceptar y rechazar invitaciones

> Gracias por la invitación. Voy con mucho gusto.
> Vale, perfecto. ¿Llevo algo para comer o beber?
> Me encantaría ir a tu fiesta, pero…

Dar un regalo y reaccionar cuando nos dan uno

- Tome, le he traído una cosita.
- ¡Muchas gracias! ¡Pero si no hacía falta!

- Mira, esto es para ti.
- Pero ¿por qué te has molestado?

Ofrecer algo y reaccionar

- ¿Te/le pongo un poco más?
- Gracias, pero ya he comido mucho.

- Toma/tome un poquito más.
- Muchas gracias, estoy lleno/-a.

Presentar a alguien y reaccionar

- Cristina, te presento a Frank, un amigo de Eduardo.
- Encantada. / Mucho gusto.

- Mira, Cristina, este es Frank.
- Hola, Frank, ¿qué tal?

Pedir permiso y reaccionar

- ¿Te importa si abro la ventana?
- ¡Ábrela, ábrela!

- ¿Puedo usar esta servilleta?
- Tome esta otra, esa está sucia.

Romper el hielo / empezar una conversación

En una fiesta:	¡Qué fiesta más divertida!
En el tren / autobús:	¿Sabe si falta mucho para llegar a…?
Siempre:	¡Qué frío / calor hace! ¿Verdad?

Buenas maneras y recomendaciones

En una fiesta:	Es normal / usual llevar un regalo.
En el tren / autobús:	Tienes que llegar puntual.
Siempre:	No puedes quitarte los zapatos.

Gramática

El uso de ir / venir **y** llevar / traer

> María: "Adriana, **voy** a tu fiesta y **llevo** cedés."
> Adriana: "¡Qué bien! **Vienes** a mi fiesta y **traes** cedés."

Cuando una persona se dirige hacia nosotros (hacia donde estamos), usamos **venir** y **traer**. En los demás casos (movimiento hacia otro lugar diferente de aquel en el que nos encontramos), se usan **ir** y **llevar**.

Gradación del adjetivo: -ísimo/-a/-os/-as

buen**o**	buen**ísimo**
divertid**a**	divertid**ísima**
grand**e**	grand**ísimo/-a**
tard**e**	tard**ísimo**
fácil	facil**ísimo**

El sufijo **-ísimo** expresa un grado muy alto o extremo de un adjetivo. Cuando los adjetivos acaban en vocal, esta se cambia por **-ísimo/-a/-os/-as**; cuando terminan en consonante, se añade después. A veces es necesario realizar cambios ortográficos: rico → ri**qu**ísimo.

Apócope de algunos adjetivos

	grande	bueno/-a	malo/-a
masculino	un **gran** vino	un **buen** amigo	hace **mal** tiempo
femenino	una **gran** sorpresa	una **buena** idea	no es **mala** idea

¡Atención!:
un gran libro *(calidad)*
un libro grande *(tamaño)*.

El imperativo

	pas**ar**	beb**er**	abr**ir**
tú	pas**a**	beb**e**	abr**e**
usted	pas**e**	beb**a**	abr**a**
ustedes	pas**en**	beb**an**	abr**an**

	poner	venir	decir
tú	pon	ven	di
usted	ponga	venga	diga
ustedes	pongan	vengan	digan

	cerrar	probar	pedir
tú	ci**e**rra	pr**ue**ba	pide
usted	ci**e**rre	pr**ue**be	pida
ustedes	ci**e**rren	pr**ue**ben	pidan

El imperativo de **vosotros**, se forma cambiando la **-r** del infinitivo por una **-d**:
pasa**d**, veni**d**.
Los pronombres se colocan detrás del verbo. Si en la forma resultante el acento recae sobre la antepenúltima sílaba, hay que ponerle tilde: pon**te**, ábre**la**.
A veces cambia la ortografía:
empezar → ¡Empie**ce**!

setenta y uno | **71**

Vamos al parque

PÍDANOS EL CIELO.
PÍDANOS EL MAR.
PÍDANOS LAS ESTRELLAS.

7

animales y diferentes tipos de paisajes • organizar una excursión • expresar alegría y tristeza • mantener una conversación telefónica • dar instrucciones • expresar prohibición y obligación

1 **a. ¿Qué se ve en el anuncio de la página de la izquierda? ¿Puedes describir los diferentes paisajes?**

b. ¿A qué tipo de empresa crees que pertenece el anuncio?

- [ ] una compañía aérea
- [ ] una fábrica de puertas
- [ ] una oficina de turismo

c. Mira las imágenes de esta página y responde las preguntas.

¿Qué tienen en común las dos señales que aparecen?
¿Qué indica cada una?
¿En qué otros lugares puede haber señales como estas o del mismo tipo?

setenta y tres | 73

7 Vamos al parque

Doñana: un paraíso natural

En todoterreno o en barco descubra con nosotros uno de los parques naturales más impresionantes de Europa: DOÑANA, Tel. +34 959 430 432
www.donanavisitas.es

El parque

¿Sabe dónde se encuentra la mayor reserva ecológica de Europa? En Andalucía. Es el Parque Nacional de Doñana, en las provincias de Huelva, Sevilla y Cádiz, que desde el año 1994 es Patrimonio de la Humanidad.

Sus pájaros

Doñana, con sus diferentes paisajes, es un lugar ideal para muchísimas especies de animales y plantas: pájaros, reptiles, peces... ¿Sabe cuántos pájaros pasan por Doñana en su emigración de Europa a África? ¡300.000! De todos los colores, grandes y pequeños. Imagine el cielo cubierto de flamencos de color rosa. ¡Un espectáculo único!

Un paraíso en el sur de España

2 a. El Parque Nacional de Doñana.
¿Sabías que España es uno de los países europeos con más variedad de animales y paisajes? Lee el texto de arriba. ¿Te gustaría visitar el Parque Nacional de Doñana?

b. Lee otra vez el texto y apunta todas las palabras relacionadas con paisajes y animales.
¿Puedes añadir más ejemplos en cada grupo?

paisajes: ....
animales: ....

3 ¿Eres amante de la naturaleza?
Marca tus respuestas en este cuestionario. Luego compara con dos compañeros.

¿Eres un amante de la naturaleza?	sí	no
1. ¿Te gusta trabajar en el jardín?	☐	☐
2. ¿Tienes plantas o flores en tu casa?	☐	☐
3. ¿Puedes identificar más de tres árboles por sus hojas?	☐	☐
4. ¿Tienes un animal de compañía?	☐	☐
5. ¿Tienes un acuario?	☐	☐
6. ¿Ves programas sobre animales en la tele?	☐	☐
7. ¿Conoces la diferencia entre el elefante africano y el indio?	☐	☐
8. ¿Has ido al zoo o a un jardín botánico este año?	☐	☐
9. ¿Conoces algún parque natural en tu país?	☐	☐
10. ¿Te gusta hacer excursiones a la montaña?	☐	☐

Sus paisajes

En Doñana encontramos una gran variedad de paisajes: playas, bosques de pinos de un verde intenso y dunas de arena como en el desierto. Y también agua. Agua salada del mar en las marismas y agua dulce en los lagos y ríos. Un paraíso para la vida.

El lince

Este animal tan bello es el lince ibérico. Se llama así porque sólo se encuentra en la Península Ibérica. Por desgracia, está en peligro de extinción, sólo quedan pocos ejemplares. Por eso hay programas en España y Portugal para protegerlo. El lince ibérico es el símbolo del Parque de Doñana y del deseo de conservar su naturaleza única en el mundo.

Visitar Doñana es conocer uno de los paisajes más bellos de Europa. Un patrimonio que debemos cuidar y conservar.

4 a. Rafael Piedra quiere hacer una excursión a Doñana con unos amigos. ▶▶ 39
Escucha la reserva telefónica y completa el formulario.

Reserva de visitas Parque Nacional de Doñana

Fecha:
Número de personas:
Duración del recorrido:
Medio de transporte:
Precio:

b. Quieres hacer la siguiente excursión.
Escribe un correo para informarte y reservar las plazas. Añade dos preguntas más.

hacer la reserva para una excursión

Quiero hacer una reserva para…
¿Quedan plazas libres el dos de agosto?
¿Cuánto tiempo dura el recorrido?
¿De dónde sale el todoterreno / el autobús / el barco?

✏ 1, 2

El Cañón del Sumidero en Chiapas (México)

¿Le gusta la aventura? ¿Quiere ver un paisaje fascinante?
¿Ver cocodrilos, monos y pájaros exóticos en libertad?
Venga al Cañón del Sumidero. Una aventura inolvidable.
Salidas diarias a las 10:00, 13:00 y 16:00h

Reservas por teléfono +52 442 212 2899 o www.andalemexico.com

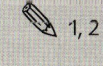

setenta y cinco | **75**

7 Vamos al parque

expresar alegría
¡Qué alegría!
¡Cuánto me alegro!
¡Estupendo!
¡Qué bien!

lamentarse por algo
¡Qué pena!
¡Lástima!
¡Qué mala suerte!

¿Recuerdas?
En los países hispano-hablantes no se dice el nombre al contestar al teléfono.

✎ 3, 4

5 **a. Rafael llama a sus amigos para decirles que ha hecho la reserva.** ⏩ 40–42
Escucha y marca cómo reaccionan. ¿Cuáles de las expresiones de la izquierda utilizan?

	se alegra	se lamenta	¿Cómo lo dice?
Isabel			
La madre de Mariluz			
Enrique			

b. Vuelve a escuchar las llamadas.
Marca en la tabla las frases que escuchas.

hablar por teléfono
¿Puedo hablar con…?
¿De parte de quién?
¿Quiere dejarle algún recado?
Ahora mismo le paso.
Lo siento, se ha equivocado de número.
En este momento no está.
Este es el contestador automático de…

c. En parejas. Escribid un diálogo siguiendo estas instrucciones.
Después, poneos de espaldas y leed el diálogo.

A
- Marcas el número 32 68 94.
- Quieres hablar con el Sr. Rodríguez.
- Te presentas.
- Dices que has reservado las entradas de teatro para el domingo que viene.
- Das las gracias y te despides.

B
- Descuelgas.
- Preguntas por la persona que llama.
- Das una disculpa (ahora mismo no está en su despacho) y preguntas si quiere dejar un mensaje.
- Le dices que se lo dirás.

No busques excusas

6 **a. Dos agencias de publicidad proponen estas campañas de sensibilización ecológica. ¿Qué objetivo tienen? ¿Cuál te gusta más?**

**No busques siempre excusas.
Sólo tienes que cambiar un poco tus costumbres.**

- No te bañes, dúchate y ahorra agua.
- No enciendas todas las lámparas de tu casa.
- Separa los diferentes tipos de basura.
- No uses la calefacción y el aire acondicionado en exceso.

¿Ves qué fácil?

Ministerio de Medio Ambiente

¿El futuro? ¡No es tu problema!

★ No ahorres agua. Hay suficiente.
★ No separes la basura. Es mucho trabajo.
★ No tomes el autobús. ¿Para qué tienes coche?
★ En invierno pon la calefacción muy alta, no eres un pingüino.
★ En verano usa siempre el aire acondicionado.
★ Gasta, tira, consume, contamina. Sé egoísta.
★ Recuerda: tú eres el centro del universo.

Asociación Pro-Natura

76 | setenta y seis

b. ¿Qué hay que hacer según los anuncios para cuidar el medio ambiente?

no buscar excusas, ahorrar agua…

c. ¿Y tú? ¿Qué haces para cuidar el medio ambiente?

7 **a. El imperativo negativo.**
Subraya en los anuncios todas las formas del imperativo. ¿Observas alguna diferencia entre las formas que ya conoces y las negativas? Marca en el cuadro las formas que son diferentes del imperativo afirmativo.

	-ar	-er/-ir	cambio vocálico	irregular
tú	no tom**es**	no beb**as**	no enc**ie**ndas	decir: no digas…
vosotros	no tom**éis**	no beb**áis**	no encend**áis**	hacer: no hagas…
usted(es)	no tom**e(n)**	no beb**a(n)**	no enc**ie**nda(n)	ir: no vayas…

Para formar el imperativo negativo podemos tomar como base la primera persona del presente de indicativo. Los verbos en **-ar** llevarán terminaciones con **-e** (pasar: no pas**e**s), los verbos en **-er** e **-ir** terminaciones con **-a** (no beb**a**s).
Los pronombres están entre el **no** y el verbo: No se lo digas.

b. En parejas. Uno dice un imperativo afirmativo de estos verbos en la forma de tú**.**
Tu compañero dice el imperativo negativo correspondiente. Después, al revés.

pasar | comer | tocar | hablar | mirar | beber | abrir | poner | venir | ir | hacer | entrar

● Mira.
○ No mires. Come.

c. Escribe un cartel con instrucciones para el Parque de Doñana.
¿Qué hay que hacer y qué no?

- hacer ruido
- hacer fuego
- tirar basura
- dar de comer a los pájaros
- ir solamente con guía
- seguir las instrucciones del guía
- llevar animales
- tocar los animales
- coger flores o plantas

Instrucciones para el parque
No haga ruido.

8 **Recuerdos de viajes y excursiones.**
En parejas. Inventad un anuncio de publicidad como el de la pág. 72 para estos objetos.

5-7

7 Vamos al parque

Los parques, los pulmones de la ciudad

9 a. Escucha lo que dice una peruana sobre su parque preferido. ▶▶ 43
¿Cómo se llama el parque? ¿Dónde está? ¿Desde cuándo existe? Luego escucha otra vez y marca lo que hay en este parque.

- ☐ una fuente
- ☐ un estanque
- ☐ un quiosco
- ☐ un café
- ☐ bancos
- ☐ árboles
- ☐ césped
- ☐ una estatua
- ☐ caminos

b. ¿Hay parques en tu ciudad? ¿Te gusta ir? ¿Qué se puede hacer?
Tienes tres minutos para escribir actividades que se pueden hacer en un parque.

10 a. En un parque.
Observa este parque durante un minuto. Luego cierra el libro e intenta recordar el máximo de informaciones: ¿Qué hay? ¿Qué están haciendo las personas?

b. Elige a una persona del parque y piensa en una frase que puede decir.
Luego lee tu frase. Tus compañeros tienen que adivinar quién la dice.

c. Escucha estas conversaciones en el parque y relaciónalas con las personas. ▶▶ 44–47

11 **a. Lee ahora los diálogos y marca las palabras que indican posesión.**

1. • Oye, ¿aquel niño es tu nieto?
   ○ No, el mío es el rubio.
   • ¿Aquel al lado del árbol?
   ○ Eso es un perro. Mi nieto está allí, en el banco. Ponte las gafas, Mariano.

2. • Esta pelota es mía.
   ○ No, la tuya es aquella, la roja. Esta es la mía.

3. • Perdone, ¿ese perro es suyo?
   ○ No, es de aquella pareja de enamorados.

4. • ¿Dónde están Luis y Pablo?
   ○ Allá, jugando al fútbol.

b. Ya conoces los posesivos mi, tu, su… **Mira los ejemplos.**
¿Qué diferencia observas con mío, tuyo, suyo…**? ¿Hay formas iguales?**

los pronombres posesivos

mío/-a/-os/-as
tuyo/-a/-os/-as
suyo/-a/-os/-as
nuestro/-a/-os/-as
vuestro/-a/-os/-as
suyo/-a/-os/-as

• **Mi** hijo ya habla.
○ **El mío** todavía no.

• ¿Esa pelota es **tuya**?
○ No, **la mía** es roja.

c. Escribe el primer y segundo diálogo de 11a cambiando nieto **por** nieta **y** pelota **por** camiones**. ¿Qué más palabras cambian?**

d. Marca en los diálogos las palabras que indican distancia.
¿Cómo se dicen en tu lengua?

Este de **aquí.**
Ese de **ahí.**
Aquel de **allí.**

	masculino	femenino
singular	aquel	aquella
plural	aquellos	aquellas

12 **a. Un paseo por un parque imaginario.** ▶▶ 48
Cierra los ojos, relájate y escucha. Imagínate los detalles lo más concretamente posible.

b. Toma notas de lo que "has visto". Luego, en parejas, comparad vuestros parques.

¿Cómo es la estatua?
Y los bancos, ¿cómo son?
¿Cómo es el árbol?
¿Hay muchos árboles en tu parque?
¿Hay mucho césped o no?
¿Qué tipo de gente hay?
¿Qué están haciendo?

Oímos ruido de agua, ¿es una fuente o un río?
¿Tocas el agua o sólo la miras?
¿Dónde te sientas? ¿Qué haces?
¿Cómo vuelves a casa?
¿Te ha gustado el paseo?

• Mi parque era grande.
○ El mío también.

¿Recuerdas?

Al alcance de la persona que habla: **este**
Más lejos para el que habla y más cerca para el que escucha: **ese**
Lejos para ambos: **aquel**
En correlación: **aquí, ahí, allí**
En Latinoamérica: **acá, allá**

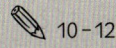

10 – 12

7 Vamos al parque

Portfolio
Guarda los documentos del parque (plano, cartel, eslogan) en tu dosier.

Tarea final Diseñamos un parque

Vais a planificar un parque. Podéis gastar 10 000 €.

1. En grupos de tres. Decidid las cosas que va a tener vuestro parque y dibujad un plano.

Artículo	Unidad	Precio
Fuente:	1	500 €
Banco:	1	180 €
Árbol:	1	30 €
Césped:	m²	3 €
Quiosco:	1	1.000 €
Planta exótica:	1	20 €
Pájaros exóticos:	la pareja	120 €
Papelera:	1	65 €
Servicios:	1	1.500 €

prohibición y obligación
está prohibido
(no) hay que
(no) se debe
Imperativo

2. Escribid un cartel con lo que está prohibido hacer en el parque. Buscad también un eslogan para animar a vuestros compañeros a visitarlo.

3. Cada grupo presenta su parque y muestra el plano. Los otros pueden hacer preguntas.

La clave está en el pasado

Capítulo 6: Así fue

Salí del Museo de la Ciencia y vi a alguien que corría por la calle. Llevaba unos pantalones y un jersey negros, guantes y una máscara en la cara. En ese momento pensé: "Es la persona que ha drogado a Antonio, el vigilante, con preteritina."
Empecé a correr también. La persona con la máscara era muy rápida. Pero por suerte yo hago deporte varias veces a la semana, así que la alcancé. Le quité la máscara. Era una mujer.
– ¿Quién es usted? – le pregunté mientras llamaba a la policía con el móvil.
– Me llamo Carmen Sinabla.
– ¿Por qué le ha dado la droga al vigilante? ¿Cómo robaron "la fórmula"?
– No voy a decir nada.
De pronto, sacó unos comprimidos del bolsillo de los pantalones, me miró y dijo:
– Nuestra banda conoce muchas drogas especiales para boicotear los idiomas. Esta se llama "indefinina".

Después de tomarla, es imposible conjugar los indefinidos irregulares.
– ¡Oh! ¡No!
No pude hacer nada. Se la metió en la boca. Repetí mi pregunta:
– ¿Cómo robaron "la fórmula"?
– Robar la fórmula *serió* muy fácil. Cuando *sabimos* que "la fórmula" estaba en el museo, *estabimos* observando el edificio durante varias semanas. Después *podimos* introducir a uno de los miembros de la banda, Antonio, como vigilante. Él nos *deció* a qué hora teníamos que entrar en el museo y así lo *hacimos*.
– ¿De quién fue la idea?
– Del jefe, de Juan Silencio.
– ¿Dónde está ahora "la fórmula"?
– La tiene él.

Esta vez la banda de los monolingües tampoco va a lograr sus objetivos. Estoy segura de que tú, mi asistente, puedes poner orden en este caos mientras yo hablo con la policía.

80 | ochenta

De fiesta

La Noche de San Juan

Noche. Fuego. Fuego en la playa, gente bailando y cantando. En toda España se celebra una fiesta de fuego. ¿Sabes qué día es? San Juan, la noche más corta del año. Esta fiesta antiquísima se celebra en muchos países en la noche del 23 al 24 de junio. Si alguien mira desde el cielo, ve miles de hogueras que iluminan las costas de todo el mundo, desde Noruega hasta el norte de África, desde Bolivia hasta mi tierra: Galicia.

Hola. Me llamo Leonor y soy de La Coruña. Aquí, en mi ciudad, la fiesta de San Juan es la más importante de todo el año. En esta noche mágica se mezclan rituales, tradiciones y supersticiones. Hay muchas leyendas que se cuentan

una gaita

las sardiñadas

de generación en generación. Una de ellas dice que los demonios y las *meigas* (así se llaman las brujas en gallego) salen esta noche para recibir al verano. ¿Brujas? Sí, son muy populares aquí. Por eso es tan importante encender hogueras por todas partes porque se dice que el fuego nos protege de ellas. También se dice que los enfermos se curan o que las mujeres pueden saber el futuro. En Galicia se suele decir de las brujas: "Haberlas, haylas."

En realidad la fiesta comienza casi un mes antes, cuando empezamos a recoger madera para la hoguera de nuestro barrio, que tiene que ser la más grande, claro. El día 23 por la mañana se ven muchas mujeres volver del mercado con un ramo de hierbas aromáticas. Según la tradición, hay que poner el ramo en agua durante la noche. Al día siguiente se usa este agua para lavarse la cara y las manos y así protegerse contra las enfermedades durante todo el año.

Por la tarde empieza la gran fiesta en las calles con grupos folclóricos y bandas de música. A mí personalmente me gusta mucho escuchar la música de las gaitas, el instrumento tradicional

la hoguera de San Juan

de Galicia. También se come y se bebe. La comida típica son las "sardiñadas" (ya te imaginas qué es, ¿no?) que se preparan en la puerta de muchos bares. El olor del delicioso pescado se respira por toda la ciudad.

A las doce en punto se enciende la hoguera mayor en la playa y se canta y se baila alrededor de ella. Algunos, los más valientes, saltan por encima del fuego gritando *Meigas fóra!* ("¡Fuera brujas!") para alejar a los malos espíritus. Otros piden un deseo, porque se dice que los fuegos de San Juan tienen también propiedades mágicas. ¿Es verdad? No lo sé, pero, por si acaso, yo siempre pido uno.

- ¿Se celebra la Noche de San Juan en tu ciudad o en tu país? ¿Cómo?
- ¿Conoces alguna superstición?
- ¿En qué ocasiones se pide un deseo en tu país?

7 Vamos al parque

Comunicación

Animales

el flamenco	el pájaro
la sardina	el pez
el cocodrilo	el reptil
el lince	el mono

Paisajes

el bosque	el árbol
la duna	la arena
el lago	el río
la playa	la marisma

En el parque

la fuente	el banco
el estanque	la estatua
el césped	el quiosco
la planta	la papelera

Organizar una excursión

Quiero hacer una reserva para…
¿Quedan plazas libres el dos de agosto?
¿Cuánto tiempo dura el recorrido?
¿De dónde sale el todoterreno / el autobús / el barco?
¿Cuánto cuesta la excursión?

Expresar alegría

¡Qué alegría!
¡Cuánto me alegro!
¡Me hace mucha ilusión!
¡Estupendo!
¡Qué bien!

Lamentarse por algo

¡Qué pena!
¡Qué lástima!
¡Qué mala suerte!

Mantener una conversación telefónica

Diga. / Dígame.
¿Puedo hablar con…?
¿De parte de quién?
¿Quiere dejar un recado?
Ahora mismo le paso.
Lo siento, se ha equivocado de número.
En este momento no está.
Este es el contestador automático de…

Prohibición y obligación

Está prohibido…
Hay que…
No hay que…
Se debe…
No se debe…
Respete las plantas.
No tire basura.
No haga ruido.

82 | ochenta y dos

Gramática

El imperativo negativo

	-ar	-er / -ir	encender (e → ie)
tú	no pas**es**	no beb**as**	no enc**ie**nd**as**
vosotros	no pas**éis**	no beb**áis**	no encend**áis**
usted	no pas**e**	no beb**a**	no enc**ie**nd**a**
ustedes	no pas**en**	no beb**an**	no enc**ie**nd**an**

	poner	ir	hacer
tú	no pongas	no vayas	no hagas
vosotros	no pongáis	no vayáis	no hagáis
usted	no ponga	no vaya	no haga
ustedes	no pongan	no vayan	no hagan

La primera persona del presente de indicativo es la base para el imperativo negativo.
Esto ayuda especialmente para la formación de los verbos irregulares: hago → no hagas.
Los verbos en **-ar** llevarán terminaciones con **-e** (pasar: no pas**e**s);
los verbos en **-er** e **-ir**, terminaciones con **-a** (beber: no beb**a**s).
Los verbos con cambio vocálico en presente lo mantienen en el imperativo:
enc**ie**ndo → no enc**ie**ndas, p**i**do → no p**i**das.
Los pronombres están entre **no** y el verbo: No **se lo** digas. No **te** bañes.
Las formas para **usted/ustedes** son iguales para el afirmativo y el negativo.

Los demostrativos

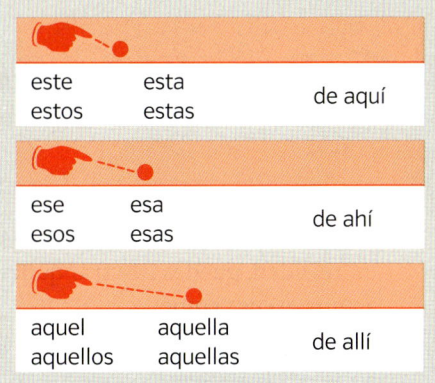

este	esta	de aquí
estos	estas	

ese	esa	de ahí
esos	esas	

aquel	aquella	de allí
aquellos	aquellas	

Se usa **este/esta/estos/estas** para referirse a cosas que están al alcance de la persona que habla.
Se usa **ese/esa/esos/esas** para referirse a cosas que están más lejos de la persona que habla y más cerca de la persona que escucha.
Para referirse a cosas que están fuera del espacio de ambos interlocutores se usa **aquel/aquella/aquellos / aquellas**.
Del mismo modo se usan **aquí**, **ahí** y **allí** (en Latinoamérica **acá** y **allá**).

Los pronombres posesivos tónicos

el mío	la mía	los míos	las mías
el tuyo	la tuya	los tuyos	las tuyas
el suyo	la suya	los suyos	las suyas
el nuesto	la nuestra	los nuestros	las nuestras
el vuestro	la vuestra	los vuestros	las vuestras
el suyo	la suya	los suyos	las suyas

Cuando el sustantivo es conocido o se ha mencionada ya, podemos repetirlo si usamos un pronombre posesivo con artículo:
Mi hijo ya habla. – **El mío** todavía no.
Para hacer referencia al poseedor de una cosa, podemos usar el verbo **ser** seguido de un pronombre posesivo sin artículo:
¿Esta pelota **es tuya**? – Sí, **es mía**.

ochenta y tres | 83

Mirador

Hemos pasado la mitad del libro. Ha llegado el momento de hacer una pausa y reflexionar desde el mirador sobre lo que hemos aprendido hasta aquí.

Hablamos de cultura: la cortesía

1 a. ¿Qué haces o no haces tú?
Lee el siguiente texto. ¿Hay cosas que te sorprenden? ¿Qué es diferente en tu cultura?

Esta es tu casa

La cortesía es el arte de comportarse amablemente. Existe en todas las culturas, pero cada una la expresa de una manera diferente.

Un ejemplo del mundo hispano: estás invitado a una fiesta. Allí vas a escuchar muchas frases como "¡Qué bien te veo!" o "¡Qué guapa estás!", que se dicen por cortesía. No se trata de decir la verdad o mentir.

Cuando llega la hora de despedirse, seguramente el anfitrión va a decir: "¿Pero ya te quieres ir? ¡Si es muy pronto!" De esta forma te quiere decir que tu compañía es agradable. En realidad, puedes irte tranquilamente y dar alguna excusa como "Ya es muy tarde." o "Mañana tengo que levantarme temprano." Otra frase muy usual en la despedida es "Vuelve cuando quieras, esta es tu casa." si se trata de la primera vez que vas. Eso puede llevar a malentendidos porque no hay que tomarlo literalmente. Es simplemente una fórmula de cortesía.

¿Quieres un buen final para despedirte de forma cortés? "¡La próxima vez, en mi casa!"

b. Escucha a unos hispanohablantes que hablan de la cortesía. ▶▶ 49
¿Hay diferencias? ¿Y entre las personas que hablan?

8

similitudes y diferencias culturales • autoevaluación • una imagen como actividad de expresión oral • estrategias de aprendizaje

Ahora ya sabemos...

Aquí tienes la posibilidad de valorar lo que has aprendido. Marca el nivel que crees tener en cada tema. Luego haz las tareas y compara los resultados con los de tu compañero o pregunta al profesor si no estás seguro.

2 En un mercadillo o en una tienda.
¿Qué dice el vendedor o la vendedora? ¿Y qué dice el cliente o la clienta?

1. Es una buena oferta, paga dos y se lleva tres, ¿qué le parece?
2. Lo siento, no tenemos tallas más grandes.
3. Me pruebo las dos, ¿dónde están los probadores?
4. ¡No puede ser! ¡Pregunté hace una hora y había todavía dos!
5. Me encantan, pero me quedan un poco estrechos.
6. Las camisetas están allí, al lado de las camisas.
7. Quería unos pantalones de algodón para el verano.
8. ¿Me los pueden reservar durante dos horas, por favor?
9. ¡Pantalones, chaquetas de caballero, de señora, de niño! ¡Todo barato, muy barato!
10. Le queda muy bien. También lo tenemos en amarillo, si lo prefiere.

3 Informarse para una excursión. ▶▶ 50

Lee estas respuestas. Después escucha las preguntas 1–4 y pon el número en la respuesta adecuada.

- ☐ Soy Felipe Herrera, de la agencia de viajes "TodoTurismo".
- ☐ Sí, pero reservar por teléfono es mucho más seguro.
- ☐ 230 euros, e incluye las dos comidas.
- ☐ Sí, tiene dos posibilidades: en inglés o alemán. ¿Cuál le interesa a usted?

Ahora haz lo mismo con las preguntas 5–8. ▶▶ 51

- ☐ Del aparcamiento principal, directamente delante de la empresa.
- ☐ En este momento no está. ¿Quiere dejarle un recado?
- ☐ Para esos días no, lo siento, sólo quedan para el día siete y ocho.
- ☐ Entre 5 y 6 horas si hace el camino al lago, o dos días si recorre también los bosques.

4 Hablar de un parque o un paisaje.
En parejas. Elige un parque o un paisaje y descríbelo. Tu compañero lo dibuja. Luego, al revés. ¿Reconocéis vuestros parques o paisajes?

5 Escribir una invitación.
Quieres invitar a tus compañeros de clase a una fiesta. Escribe la invitación mencionando estos aspectos.

- motivo de la fiesta
- lugar, fecha, hora
- colaboración para la fiesta (ensalada, pastel, vino...)
- confirmación de asistencia

8 Mirador

Terapia de errores

6 **a. Errores visibles e invisibles.**
Lee los dos textos y marca en ellos los errores.

> Querido señor Conde:
>
> Quería informarme sobre las excursiones a Sierra Nevada que organiza suya empresa. Me gustaría saber si se quedan plazas libres en el agosto y cuál oferta hay para grupos numerosos.
>
> Un abrazo,
> Jorge Palacios

> Estimados amigos:
>
> Tengo el placer de invitarvos a mi cumpleaños el jueves. Si alguién puede llevar música, genial ☺. Yo tengo nada. Mis discos regalé a mi ex-novia. No os olvidéis: jueves en la casa mía a las 22.00 en punto.
>
> Atentamente,
> Fernando

b. ¿Cuántos errores has encontrado?
¿Has notado que no todos son de gramática o de ortografía? A veces decimos cosas que son correctas, pero no son adecuadas en esa situación. Vuelve a leer las cartas. ¿Qué errores de adecuación encuentras? Luego reescribe las dos cartas en su estilo adecuado. Así tienes un modelo para tu portfolio.

Una imagen que da que hablar

7 **a. Mira el cuadro. ¿Qué título le puedes poner?**
Luego en parejas, escribid un diálogo entre dos personas del cuadro.
Tus compañeros adivinan quiénes están hablando.

José Morillo: República Dominicana 2009

b. ¿Cómo te imaginas la fiesta?
Toma notas, teniendo en cuenta los siguientes aspectos. Después describe la fiesta. Tienes que hablar por lo menos dos minutos.

¿Cuál es el motivo de la fiesta?
¿Quién es el anfitrión?
¿Qué tipo de música tocan los músicos?
¿Qué hay para comer y beber?

Aprender a aprender

8 **a. Antes de leer.**
El aspecto exterior de un texto ya nos da información y con eso hacemos predicciones sobre el contenido. En nuestra lengua lo hacemos automáticamente, en español necesitamos un poco de entrenamiento.
¿Qué predicciones puedes hacer sobre el texto de abajo? Comparad vuestras ideas.

¿Qué información te da la foto?
¿Qué información te da el título?
¿Qué tipo de texto es (artículo, cuento, entrevista…)?

¿Qué información esperas encontrar?
¿Qué sabes del tema?

b. Primera lectura.
Para una primera lectura activa conviene concentrarse en estos aspectos.

¿Qué palabras entiendes?
¿Hay palabras internacionales, cifras, nombres, etc.?
¿Cuáles son las palabras clave?

ÉXITO DE LAS COOPERATIVAS DE COMPRA

Lo 'bio' está al alcance de todos

La producción de alimentos ecológicos ha crecido un 15 % en España.

Un 30% de los consumidores españoles compra de vez en cuando o regularmente alimentos ecológicos. Este boom está relacionado con las cooperativas de compra. Son personas que se unen para comprar verduras o frutas bio directamente de los productores por un precio similar al que se paga por productos convencionales. Se calcula que unas 50.000 familias compran así, y cada mes se crean nuevas cooperativas o asociaciones.

"Los grupos de compra ecológica aumentan", explica Pedro Gumiel, socio de Gumendi, una de las grandes productoras de productos ecológicos. "Cuando empezamos, teníamos que exportar casi toda nuestra producción porque aquí no había consumo. Hoy en día el mercado español absorbe casi todo."

Comprar productos fabricados o cultivados de forma tradicional parece una vuelta al pasado, pero el fenómeno de las cooperativas de compra es algo absolutamente moderno y que utiliza las últimas tecnologías. La cooperativa Gumendi pone cada día la oferta en su página web y los grupos de compra pueden hacer sus pedidos a través de ella.

Adaptado de Tiempo

---

c. Segunda y tercera lectura. ¿Eran correctas tus predicciones?
¿A qué preguntas básicas (quién, qué, dónde, cuándo, por qué) contesta el texto?

d. Después de leer.
¿Qué sabes ahora que antes no sabías? ¿Es suficiente la información general o quieres entender detalles?
¿Puedes resumir el texto en un mapa asociativo?

compra ecológica

Proyectos con futuro

"Instrumentos musicales en vez de pistolas" era la visión de José Antonio Abreu cuando fundó "El Sistema Nacional de Orquestas Juveniles e Infantiles de Venezuela" en 1975. Su objetivo: ofrecer a niños y jóvenes de barrios marginales la posibilidad de integración social a través de una educación musical. Treinta años después este proyecto tiene unos 350.000 miembros en todo el país. No todos llegarán a ser músicos famosos, pero la mayoría realizará su sueño de un futuro mejor.

"Cambiar las cosas está en nuestra mano" dicen los 57.000 voluntarios de Cáritas, que dedican dos, tres, cinco o veinte horas a la semana al trabajo en esta organización, aunque no es tan atractiva ni tiene tanto márketing como otras.
Cuando los servicios sociales del estado no pueden ayudar, mucha gente se dirige a las oficinas de Cáritas.

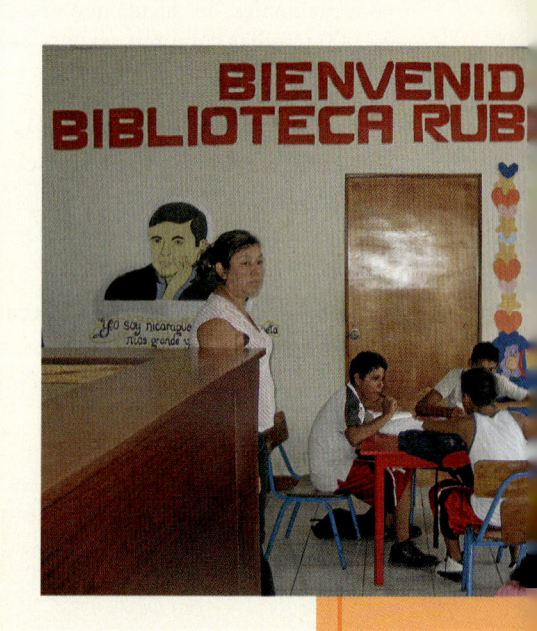

9

describir proyectos sociales • hablar del futuro • expresar hipótesis •
hacer comparaciones • expresar una necesidad • expresar sentimientos

1 **a. Lee la descripción de estos tres proyectos sociales. ¿Qué tipo de trabajo realiza cada organización?** Luego haz un mapa asociativo con el vocabulario para hablar de proyectos sociales y compara con los de tus compañeros. ¿Qué palabras te parecen útiles para aprender?

b. ¿Conoces actividades parecidas en tu país?

Una biblioteca para todos es uno de los últimos proyectos de la Asociación de Hermanamiento La Trinidad-Moers. Desde 1989 los miembros de esta asociación trabajan para realizar numerosos proyectos en su ciudad-hermana nicaragüense. Su filosofía: ayuda para autoayuda. 100% de las donaciones que reúnen van directamente a los proyectos.

ochenta y nueve | 89

9 Proyectos con futuro

¿Quieres saber cómo funcionan las orquestas de niños en Venezuela? ¿Cómo viven sus miembros y qué significa la música para ellos? La película "El Sistema" les acompaña en su vida diaria y muestra actividades y proyectos de los niños, que aprenden un instrumento gracias a la ayuda de esta organización.

Una escuela llena de futuro

2 a. Dos niños de la orquesta del "Sistema" se presentan.
Lee estos textos y marca las formas de **ser** y **estar** con dos colores diferentes.

> "Hola, soy Pablo, tengo once años y estoy en una de las orquestas del "Sistema" desde hace ocho años. Soy trompetista. Hoy estoy un poco nervioso porque tenemos un concierto importante. Es en la ópera de Caracas. Lo va a dirigir Gustavo Dudamel, que es un director de orquesta muy famoso. Pero no estoy nervioso por eso, sino porque va a venir mi mamá al concierto. Mi mamá es la más guapa del mundo y siempre está de buen humor."

> "Yo me llamo Lidia, soy de Caracas. En la orquesta toco el violín, que es un instrumento muy bonito, pero también es difícil. Tengo que practicar muchas horas todos los días. A mí me gusta, a mis vecinos, no. Estoy muy contenta porque mis abuelos vienen al concierto de hoy. Creo que están muy orgullosos de mí, porque siempre dicen que soy el tesoro de la familia."

b. Completa la regla y la tabla con las formas adecuadas de ser **y** estar.

¿Recuerdas?
Para definir o hablar de características esenciales, se usa ....
Para expresar un estado o ubicar, se usa ....
Excepción: para ubicar eventos o celebraciones se usa **ser**.

Yo .... Pablo y .... venezolano.	.... en la orquesta desde hace 8 años.
.... trompetista.	Hoy .... un poco nervioso.
.... un instrumento bonito.	Mis abuelos .... orgullosos de mí.
Quiero .... famoso como Gustavo.	Mi mamá siempre .... de buen humor.
El concierto .... en la ópera de Caracas.	La ópera .... en el centro de la ciudad.

90 | noventa

3 Lee el texto sobre el origen de la orquesta y tacha las formas falsas.

En 1975 José Antonio Abreu fundó "El Sistema". En esa época era / estaba profesor de economía en la universidad y ya estaba / era convencido de que la música era / estaba una posibilidad de ayudar a niños de barrios pobres.
El concepto que estaba / era detrás del trabajo de Abreu es / está sencillo: una orquesta es / está un lugar donde los niños aprenden a escucharse y respetarse los unos a los otros. En vez de ser / estar en la calle, pasan la tarde en uno de los "núcleos" que forman "El Sistema".
Hoy las orquestas del "Sistema" son / están en muchas ciudades y pueblos de Venezuela y el proyecto ha sido / estado modelo para otros países.

✏ 1–3

4 a. Pablo y Lidia hablan de sus planes. ¿Son parecidos o diferentes?

De mayor quiero ser como Gustavo. Viajaré por todo el mundo, tendré muchos amigos y hablaré varios idiomas. Tocaré música clásica y jazz, que también me gusta mucho. Para eso tengo que seguir estudiando, si no estudio, no realizaré ninguno de mis sueños.

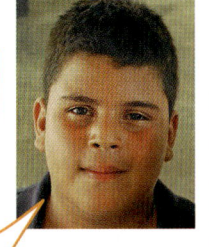

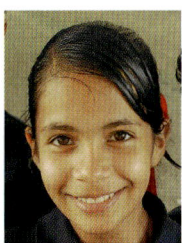

Yo no sé todavía qué haré de mayor. A veces pienso que seré una violinista famosa. Otras veces estoy segura de que estudiaré medicina y descubriré un medicamento que curará a mucha gente. De todos modos, lo que es seguro es que seguiré tocando el violín.

b. ¿Qué visión tienen Pablo y Lidia de su futuro?

De mayor Pablo quiere ....
Lidia quiere ....

c. El futuro.
Marca en los textos las formas del futuro que aparecen y completa la regla.

	verbos regulares	verbos irregulares			
yo	hablar**é**	decir	**dir**é, …	salir	**saldr**é, ….
tú	hablar**ás**	hacer	**har**é, …	querer	**querr**é, …
él / ella / usted	hablar**á**	poder	**podr**é, …	saber	**sabr**é, …
nosotros/-as	hablar**emos**	poner	**pondr**é, …		
vosotros/-as	hablar**éis**	tener	**tendr**é, …		
ellos / ellas / ustedes	hablar**án**	venir	**vendr**é, …	hay	**habr**á

Se forma el futuro añadiendo la terminación al ....
Los verbos irregulares tienen una raíz irregular, pero terminaciones regulares.

5 ¿Irán al concierto? Escucha y marca la opción correcta. ▶▶ 52–55

1. ☐ Paco no va al concierto.
   ☐ Todavía no sabe si irá.
2. ☐ Lloverá por la noche.
   ☐ Llueve y seguirá lloviendo.
3. ☐ Irán a la fiesta después del concierto.
   ☐ No podrán ir porque tienen otra invitación.
4. ☐ Raúl no irá al concierto.
   ☐ Raúl llega a tiempo para el concierto.

noventa y uno | 91

9 Proyectos con futuro

ENTREVISTA CON GUSTAVO DUDAMEL:
Un músico para el siglo XXI

›› Normalmente no se asocia Latinoamérica a la música clásica…

›› Hasta ahora no, aunque tenemos algunos grandes nombres, como Barenboim o Argerich. Pero en los próximos años, muchos nuevos nombres .... (salir) de Latinoamérica. Se .... (hablar) de los músicos latinoamericanos. Y algunos .... (venir) del "Sistema Nacional de Orquestas de Venezuela". Ya lo .... (ver) usted.

›› Usted se formó en el "Sistema". ¿Qué significa esto para usted y su país?

›› Es como una gran familia. Tú escuchas una orquesta en Venezuela y sientes que pasa algo. Hay una energía enorme que nos ha convertido en una potencia musical. Y la música ha traído un cambio social, porque el "Sistema" es realmente un programa de integración social muy efectivo: con los niños viene también la familia.

›› ¿Qué aporta la nueva generación de músicos?

›› Una nueva forma de entender la música, que no .... (tener) tantos límites, que .... (ser) más fresca, con más energía. Creo que la música es alegría y emoción, pero sobre todo creo que la música puede cambiar el mundo.

›› De usted ya se habla y mucho. ¿Cree que la fama cambiará su forma de ser?

›› No. Sé quién soy, soy consciente de mi origen. Para mí, trabajar con gente de mi país es algo hermoso, somos una familia. Por eso yo no .... (cambiar). No .... (dejar) Venezuela ni .... (abandonar) mis actividades con la Orquesta Simón Bolívar.

›› ¿Cómo ve el futuro?

›› Lleno de música, claro.

6 a. Grandes orquestas de pequeñas personas.
Lee la entrevista con Gustavo Dudamel y completa el texto con las formas del futuro.

b. Según Dudamel, ¿qué cambiará en el futuro y qué no?

c. ¿Qué pasará? Combina las partes de frases usando la forma correcta del verbo.

| En el futuro
Me pregunto si | mucha gente
muchos niños del "Sistema"
algunos de ellos
Dudamel (no)
la música | hablar de los músicos de Latinoamérica.
realizar sus sueños.
tener un puesto en un conservatorio.
tocar en una orquesta internacional.
ser diferente.
recibir un premio.
salir del país.
cambiar su forma de vivir. |

4, 5

d. "Si no estudio no realizaré mis sueños", dice Pablo, el trompetista.
¿Y tú, qué propósitos tienes para el futuro? Aquí tienes algunos ejemplos.

- trabajar menos
- hacer más deporte
- hacer un examen
- comer más verdura
- dedicar más tiempo a la familia
- ver menos la tele
- salir más
- aprender a…
- …

¿Recuerdas?

Para hablar del futuro también podemos usar **ir a** + infinitivo.

7 a. ¿Cómo será en 10 años?
Piensa en una persona de tu entorno (tu pareja, tus padres, un vecino, tu profesor…) y escribe un pequeño texto sobre cómo piensas que será su vida en 10 años. ¿Dónde y cómo vivirá, cómo será su trabajo, su familia, su tiempo libre…?

b. Lee tu texto a un compañero, que adivina qué es como hoy y qué es diferente.

8 a. ¿Cuánta música hay en tu vida?
En grupos de tres, hablad sobre este tema a partir de las preguntas. Luego presentad un resumen a la clase. ¿Se puede formar la orquesta o el coro del grupo?

¿Qué tipo de música te gusta? ¿Odias algún tipo de música?
¿Cuándo escuchas música? ¿Puedes leer o concentrarte escuchándola?
¿Tocas algún instrumento? ¿O te gustaría aprender a tocar uno? ¿Cuál?
¿Cantas en un coro o en una banda?

b. Escucha estos fragmentos de música. ▶▶ 56 – 59
¿Qué asocias con ellos? ¿Qué instrumentos reconoces?

Me hace pensar en…
Me recuerda…
Me pone triste / alegre.
Me da ganas de bailar.

✏ 6

Voluntarios

9 a. ¿Conoces estas ONG (ONG = organización no gubernamental)?
¿Tienen actividades en su país? Explica sus actividades.

defender los derechos humanos
dedicarse a la ayuda humanitaria
defender los derechos de los niños
luchar contra la pobreza
apoyar el comercio justo
dedicarse al medio ambiente

ONG	voluntarios	socios	ingresos públicos	ingresos privados	gastos gestión	gastos proyectos
Amnistía Internacional	1.817	58.530	3%	97%	12%	88%
Cáritas Española	56.998	------	38%	62%	7,7%	92%
Cruz Roja Española	180.084	870.012	32%	64%	64%	30%
Intermón Oxfam	1.829	243.570	33%	67%	13%	87%
UNICEF	1.090	200.000	17%	83%	26%	68%
Greenpeace	350	103.180	0%	100%	12%	65%

http://ong.consumer.es/

b. ¿Te gustaría colaborar en alguna de esas organizaciones? ¿Cuál? Explica tus motivos.

9 Proyectos con futuro

10 **a. Mira la estadística de la página anterior y di si las frases son correctas o falsas. Luego completa la tabla.**

☐ Greenpeace tiene más socios que Amnistía Internacional, pero menos que Oxfam.
☐ En UNICEF trabajan tantos voluntarios como en Amnistía Internacional.
☐ De todas las ONG la Cruz Roja es la que tiene más socios.
☐ Greenpeace es la que recibe menos ingresos públicos.
☐ Los gastos de administración de Cáritas son tan altos como los de Greenpeace.
☐ UNICEF no gasta tanto en administración como la Cruz Roja.

¿Recuerdas la comparación?

Es **más** grande **que**…
Es **menos** grande **que**…
Es **tan** grande **como**…
Es **el / la más** grande.
Es **el / la menos** grande.
Gasta **más / menos que**…

✏ 7, 8

verbo + ...	tanto/-a/-os/-as + ...
La gente no sabe **tanto** de Oxfam **como** de otras organizaciones. La música clásica no me gusta **tanto como** el jazz.	Cáritas no tiene **tanto** márketing **como** otras organizaciones. Greenpeace no tiene .... socios **como** la Cruz Roja.

b. En grupos de tres. ¿Conoces bien a tus compañeros?
Busca un aspecto en común y una diferencia con cada uno.

Sabine tiene tantos años como yo, pero yo tengo más hermanos que Peter.

11 **a. Mira la foto de la persona de abajo y haz suposiciones.**

nacionalidad: ....
edad: ....
profesión: ....
lugar: ....
actividades de tiempo libre: ....

¿Recuerdas?

Creo que…
Pienso que…
Puede ser…

Para expresar hipótesis referidas al presente también se puede usar el futuro.

expresar suposiciones

Será…
Tendrá unos… años.
Supongo que es…
Quizás tiene su propia tienda.
Me imagino que…

b. Lee ahora el texto y compara con tus suposiciones.

Lali Coca Machado es voluntaria en una de las tiendas de *Koopera* en Bilbao que venden ropa y objetos de segunda mano.

"Durante muchos años me he dedicado a la familia, pero ahora tengo cuarenta y nueve años y los niños son grandes. De repente, te encuentras con tiempo libre, y el yoga y el taichi no son suficientes para llenar el hueco. Sentía la necesidad de ayudar. De todos los proyectos de Cáritas el que más me gustó fue *Koopera*. En esta tienda hay ropa, electrodomésticos, juguetes, libros y comida ecológica. Aquí se combinan reciclaje y solidaridad. Yo compro toda mi ropa en la tienda, desde los vaqueros hasta el abrigo. Es interesante porque te puedes encontrar con todos los perfiles posibles de la sociedad: musulmanas con su velo que vienen tanto a comprar como a charlar un rato, gente de la clase media que busca ropa "vintage" o personas que están en una situación extrema, pero que, a pesar de todo, conservan su dignidad."

Adaptado de XL Semanal

c. Has comprado algo en Koopera. Explica a otra persona qué es esta tienda.

12 **Para trabajar como voluntario en una ONG, ¿qué cualidades se necesitan?**
Ordena estas cualidades de más a menos según la importancia que tienen para ti. Compara y coméntalo con tus compañeros.

ser creativo / sensible / responsable / flexible / tolerante
tener disciplina / motivación / paciencia / buena salud / entusiasmo / reponsabilidad
ser capaz de organizar / trabajar en equipo / escuchar / improvisar

necesidad y obligación

Es necesario ⎫
Se debe   ⎬ + infinitivo
(No) Hay que ⎭
Hace falta   + inf. / sust.

✎ 9, 10

13 **a. Escucha a otros dos voluntarios y completa las fichas.** ▶▶ 60 – 61

Tipo de actividad	Tipo de actividad ....
Motivo	Motivo ....
Tiempo dedicado	Tiempo dedicado ....
Cualidades necesarias	Cualidades necesarias ....

b. Escucha otra vez y marca las expresiones que se mencionan.

☐ Quería hacer algo por los demás.
☐ A mí me aporta mucho.
☐ Quería poner mi granito de arena.
☐ He aprendido a ser más comprensiva.
☐ Me da pena. / Me emociona.
☐ Me hace mucha ilusión.

14 **a. "Siempre imaginé que el Paraíso sería algún tipo de biblioteca", dijo Jorge Luis Borges. ¿Cuál es la relación del grupo con los libros? Haz una encuesta.**

¿Quién del grupo…
- lee en voz alta a sus hijos o nietos?
- escucha libros en CD?
- lee normalmente antes de dormir?
- va regularmente a una biblioteca?
- regaló un libro el mes pasado?
- fue a una lectura el año pasado?

**b. Un concurso de lectura.
¿Quieres participar?**
Elige un capítulo de "La clave está en el pasado" y prepárate para leerlo en voz alta. (Si hay diálogo, trabajad en parejas). Luego algunos voluntarios leen el texto que han elegido. Los que no quieren participar pueden formar parte del jurado. ¿Quién gana el concurso?

Destruida en la guerra en 1979 y reconstruida con la ayuda de la Asociación de Hermanamiento, la biblioteca de La Trinidad es hoy punto de encuentro para toda la comunidad. Vienen sobre todo jóvenes para leer o estudiar porque los libros no se prestan.

✎ 11, 12

9 Proyectos con futuro

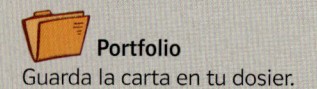

Portfolio
Guarda la carta en tu dosier.

Tarea final Tu granito de arena

Quieres colaborar en un proyecto o una asociación.

1. Completa el formulario teniendo en cuenta
   - el público que te interesa
     (niños, enfermos, personas mayores…)
   - el tipo de asociación
     (proyectos de carácter social, cultural,
     de medio ambiente…)
   - el tiempo que puedes dedicar
   - las cualidades que te pueden servir
   - tus experiencias

2. Los formularios se exponen en el aula.
   Todos los leen y forman grupos según los
   intereses.

3. Cada grupo decide en qué organización
   o proyecto quiere colaborar y escribe una
   carta para ofrecer su colaboración

Nombre
Motivo

Intereses

Tiempo disponible

Cualidades

Experiencias

La clave está en el pasado

Capítulo 7: Un confidente

Por desgracia, Carmen Sinabla no nos dijo dónde podíamos encontrar a Juan Silencio. Pero no era problema porque yo tenía una idea: decidí hablar con Pepe "el ratón" López. Pepe "el ratón" era camarero en un bar de la Plaza de Cataluña y sabía todo lo que pasaba en Barcelona. Era uno de mis confidentes, no era caro y siempre tenía buena información para mí. Sólo tenía un problema: no sabía decir las cosas directamente.
Entré en el bar. Pepe "el ratón" estaba detrás de la barra.
– Hola, ratón. ¿Qué tal?
– No estoy mal. ¿Un café con leche, como siempre?
– Sí. Y un poco de información.
– ¿Qué quieres saber?
– ¿Conoces a un hombre llamado Juan Silencio?
– No digo que no.
– Es decir, sí. ¿Sabes si últimamente ha participado en un robo importante?
– Yo no lo sé, pero el primo del vecino de una sobrina de un compañero de trabajo me dijo algo del robo de una fórmula.
"El ratón" siempre habla así.
– ¿Sabes dónde vive Juan Silencio? – le pregunté.

– No vive lejos.
– Es decir _vive cerca_.
Entonces le enseñé un mapa de la zona y seguí las explicaciones de Pepe "el ratón".

– No vive delante de la universidad.
– Es decir _vive_
– Su piso está en una de las calles que están entre la calle Muntaner y la calle Balmes, concretamente en la que está más lejos de la calle Balmes.
– Es decir _en la_ ¿En qué número?
– Muy fácil. El número es la multiplicación de los días de las semana por las estaciones del año. A este número hay que añadir los meses. ¿Está claro?

¡Uf! ¡Qué lío! ¿Puedes reformular las frases del camarero y marcar en el mapa dónde vive Juan Silencio?

De fiesta

La Verbena de la Paloma

Si pensamos en Madrid en agosto, seguramente pensamos en calor, mucho calor, ¿no? O en la ciudad casi vacía porque mucha gente se ha ido de vacaciones. O quizás recordamos una canción de los años ochenta que decía "Vaya, vaya, aquí no hay playa". Y todo es verdad. En Madrid no hay playa, pero tenemos terrazas maravillosas para tomar algo con los amigos y una fiesta muy típica, la Verbena de la Paloma. Hola, me llamo Nieves Castells y, como te puedes imaginar, soy de Madrid. Me gustaría hablarte de esta fiesta que celebramos el día 15 de agosto.

Las verbenas son fiestas populares en honor al santo patrón de una ciudad o de un barrio. Nuestra verbena es en honor a la Virgen de la Paloma. Empieza ya el 6 de agosto, cuando se ponen puestos en muchas de las calles que están cerca de la Iglesia de la Virgen de la Paloma. En los puestos se venden dulces, bebidas, hay tómbolas, música, … El dulce más popular son los "churros", que tienen muchísimas calorías, pero están riquísimos.

Otro dulce especial, que tiene para mí muchos recuerdos de la infancia, son los "barquillos". Son unos tubos hechos de una masa de harina, azúcar y canela. Los vendedores se llaman "barquilleros" y llevan normalmente un traje típico madrileño, una cesta con los barquillos y una ruleta con números. Esta ruleta es para probar la suerte: el que saca el número más bajo invita a los otros. Los barquilleros presentan los barquillos con unos versos:

"¡Al rico barquillo de canela
para el nene y la nena,
son de coco y valen poco,
son de menta y alimentan,
de vainilla ¡qué maravilla!,
y de limón
qué ricos, qué ricos, qué ricos
que son!"

La verbena empieza por la noche. Muchos madrileños, hombres y mujeres, van vestidos con los trajes típicos de la ciudad. Ellos, los "chulos", con su traje, la gorra y el pañuelo. Ellas, las "chulapas", con el vestido, el mantón y un clavel en el pelo.

Siempre hay baile. El más famoso, porque es el típico de Madrid, es el "chotis". ¿Sabe de dónde viene el nombre de este baile? El nombre da una pista. Viene de la palabra alemana "schottisch", que significa "escocés". Pero el baile no es de Escocia, sino de Bohemia.

La fiesta termina con la procesión de la Paloma, el día 15. Ese día sacan la imagen de la Virgen de la Iglesia. Es un privilegio de los bomberos de Madrid bajar la imagen de su lugar y ponerla en su carroza, decorada con cientos de claveles, para luego pasearla por las calles del barrio.

Después de la procesión se acaba la fiesta. En Madrid sigue haciendo calor, hay mucha gente de vacaciones y no tenemos playa, pero lo hemos pasado muy bien. El año próximo volveremos a ir de fiesta.

- ¿Hay alguna fiesta parecida en tu país?
- ¿Cuándo y dónde la gente lleva trajes regionales?

bailando chotis

los churros

un barquillero

9 Proyectos con futuro

Comunicación

Compromiso social

la ONG	los derechos humanos
la asociación	la ayuda humanitaria
la integración social	el comercio justo
la donación	defender los derechos
el servicio social	apoyar un proyecto
el / la voluntario/-a	luchar por / contra

El carácter y las habilidades

ser	creativo / sensible / responsable / flexible / tolerante
tener	disciplina / motivación / entusiasmo / buena salud / paciencia
ser capaz de	organizar / trabajar en equipo / escuchar / improvisar

Hablar del futuro

De mayor quiero ser como Gustavo.
Tocaré música clásica y jazz.
Todavía no sé qué haré de mayor.

Expresar hipótesis

Tendrá unos 50 años.
Seguramente tiene familia.
Quizás tiene su propia tienda.
Será vendedora.
Supongo que es española.
Me imagino que le gusta su trabajo.

Expresar necesidad

Se debe
Hay que
No hay que   + infinitivo
Es necesario
Hace falta   + infinitivo / sustantivo

Expresar sentimientos e interés

Me recuerda…
Me hace pensar en…
Me pone triste / alegre.
Me da pena. / Me emociona.
Me hace ilusión.
Quería hacer algo por los demás.
A mí me aporta mucho.
Sentía la necesidad de ayudar.
Quería poner mi granito de arena.
He aprendido a ser más comprensiva.

Gramática

El uso de ser y estar

ser	
Soy Pablo.	*Nombre*
Soy venezolano, de Caracas.	*Procedencia*
Soy trompetista.	*Profesión*
Es un instrumento bonito.	*Definición*
Gustavo es muy simpático.	*Carácter*
El concierto es en la ópera de Caracas.	*Eventos*

estar	
Hoy estoy un poco nervioso.	
Mis abuelos están orgullosos de mí.	*estado anímico*
Mi mamá siempre está de buen humor.	
El concierto ha estado muy bien.	*Valoración*
La ópera está en el centro de Caracas.	*Ubicación*

Se usa **ser** para definir e identificar personas y cosas, y también para describir el carácter. Se usa **estar** para ubicar o para describir el estado de una persona o cosa: Marcelo está enfermo. La tienda está cerrada.

Comparar

verbo + **tanto**
La música clásica me gusta **tanto como** el jazz.
Greenpeace no gasta **tanto** en administración **como** UNICEF.

tanto/-a/-os/-as + sustantivo
Cáritas no tiene **tanto** márketing **como** otras ONG.
Greenpeace no tiene **tantos** socios **como** la Cruz Roja.
Al concierto de Dudamel no va **tanta** gente **como** al cine.

Tanto es invariable cuando afecta al verbo. Cuando modifica a un sustantivo, concuerda en número y género con él: **tanto/-a/-os/-as**.

El futuro

	hablar	ser
yo	hablar**é**	ser**é**
tú	hablar**ás**	ser**ás**
él / ella / usted	hablar**á**	ser**á**
nosotros/-as	hablar**emos**	ser**emos**
vosotros/-as	hablar**éis**	ser**éis**
ellos / ellas / ustedes	hablar**án**	ser**án**

Formas irregulares del futuro

decir	dir-	é	hay → **habr**á
hacer	har-	ás	
poder	podr-	á	
poner	pondr-	emos	
salir	saldr-	éis	
tener	tendr-	án	
venir	vendr-		

La terminaciones para el futuro son iguales en todas las conjugaciones y se colocan detrás del infinitivo. Los verbos irregulares tienen una raíz irregular, pero las terminaciones son regulares.

Se usa el futuro para hacer predicciones y para expresar hipótesis sobre el presente:
¿Sabes dónde están mis gafas? – **Estarán** en la mesa del salón.

Muy informados

1

2

3

10

hablar sobre los medios de comunicación • suponer y sugerir • expresar acuerdo y desacuerdo • vocabulario de la informática

1 **a. Lee los textos y subraya la información que se refiere a las fotos.**

7.00 "Son las siete de la mañana, una hora menos en Canarias." Media España se levanta con esta frase y las noticias de la radio. A partir de ahora y hasta la noche, la radio acompaña la jornada de muchos españoles.

11.00 La hora del café en el bar de la esquina. Muchos aprovechan este momento para conectarse a internet, porque en algunos bares hay conexión gratis.

12.00 La primera lectura del día. En el camino al trabajo, al parque o al bar se compra el periódico en el quiosco. El País regala hoy una película, El Mundo un libro, la Vanguardia un CD. Y todos tienen cupones para motivar al lector a volver a comprar el periódico mañana. Con diez cupones, un DVD gratis.

17.00 Hora en la peluquería para cortarse el pelo e informarse en las revistas del corazón sobre la vida de los famosos y las familias reales.

21.00 Empieza el Telediario. Otra vez suben los precios. El tiempo para el fin de semana será perfecto.

b. ¿Es igual en tu país? ¿Qué es diferente?

ciento uno | 101

10 Muy informados

Yo me informo así

2 **a. Contesta este cuestionario sobre los medios de información.**

¿Estás bien informado?

1. Yo me informo sobre todo
   - ☐ leyendo el periódico.
   - ☐ escuchando la radio.
   - ☐ viendo las noticias de la televisión.

2. Cuando leo el periódico,
   - ☐ leo primero los titulares.
   - ☐ lo leo del principio al final.
   - ☐ busco la sección que más me interesa (deporte, anuncios, bolsa…).

3. En la tele veo sobre todo
   - ☐ noticias y reportajes, para informarme.
   - ☐ películas o deporte, para relajarme.
   - ☐ Me da lo mismo, lo mío es el zapping.

4. Veo las noticias
   - ☐ normalmente en el mismo canal.
   - ☐ siempre a la misma hora.
   - ☐ cuando puedo.

5. Cuando escucho la radio,
   - ☐ elijo los programas que me interesan.
   - ☐ el programa me da lo mismo, tengo la radio siempre encendida.
   - ☐ Casi nunca escucho la radio.

6. Uso también otros medios como
   - ☐ internet.
   - ☐ teletexto.
   - ☐ otros, por ejemplo _____

b. En parejas. Comparad vuestras respuestas y presentad a la clase un aspecto en común.

c. ¿Es lo mismo o diferente?
Completa la columna de la izquierda con ejemplos. ¿Cómo se traducen las expresiones de las otras columnas?

el mism**o** _canal_	aquí mismo _____	No es lo mismo.
la mism**a** _____	ahora mismo _____	Todos dicen lo mismo.
los mism**os** _____	hoy mismo _____	Me da lo mismo.
las mism**as** _____	yo mismo/-a _____	

d. Completa las preguntas con mismo/-a/-os/-as. Luego busca a una persona para cada aspecto. ¿Quién las encuentra primero? Finalmente, presenta los resultados.

¿Quién de la clase…	Nombre
– lee _el mismo_ periódico que tú?	
– vio ayer _____ programa en la tele?	
– se acostó ayer a _____ hora?	
– usa _____ programas de ordenador?	
– tiene _____ zapatillas de deporte?	

- ¿Qué periódico lees?
- *El País.*
- Ah, yo también.

- Katharina y yo leemos el mismo periódico.

1–3

MARTES 5 DE ENERO

TVE 1
10.15 Esta mañana

- 06.30 Telediario matinal
- 10.15 Esta mañana
  - Presenta Pepa Bueno
- 14.30 Corazón, corazón
  - Crónica sobre famosos, moda y cine
- 15.00 Telediario 1
- 15.55 El tiempo
- 16.00 Amar en tiempos revueltos
  - Cap. 121: Héctor recibe una mala noticia.
- 17.10 En nombre del amor
  - Camila le devuelve el collar a Paloma.
- 18.00 España directo
- 20.00 Gente
  - Espacio de debate
- 21.00 Telediario 2
- 21.50 El tiempo
- 22.00 Cine para todos
  - Ana Karenina
- 01.45 Telediario 3
- 02.00 TVE es música

ANTENA 3
22.00 Fútbol, Copa del Rey

- 06.30 Las noticias de la mañana
- 10.15 La aventura de saber
  - La inteligencia del pulpo
- 12.30 La ruleta de la suerte
  - Presenta Jorge Fernández
- 14.00 Los Simpson
  - Los Simpson deciden pasar las vacaciones en Tomdalylandia.
- 15.00 Noticias
- 16.00 Multicine
  - Babe, el cerdito valiente
- 19.15 El diario
- 21.00 Noticias
- 22.00 Fútbol. Copa del Rey
  - Real Madrid – FC Barcelona
  - Retransmisión en directo
- 23.30 Los hombres de Paco
  - Cap. 35: Un muerto y un mensaje
- 00.15 Redacción 7
  - Programa de reportajes
- 02.00 Marca y gana

TELECINCO
16.45 Rex, un policía diferente

- 06.30 Informativos
- 09.00 El programa de Ana Rosa
- 12.30 Bricomanía
  - Consejos para hacer bricolaje
- 14.00 Karlos Arguiñano en tu cocina
  - Alcachofas gratinadas con queso
- 15.00 Informativos
- 15.30 Saber y ganar
- 16.45 Rex, un policía diferente
- 19.00 Amazonas
  - Viaje por el río más largo del planeta
- 20.00 Pasapalabra
  - Tres candidatos pasan a semifinales.
- 20.55 Informativos
  - Incluye información deportiva y previsión meteorológica.
- 22.30 Hospital Central
  - Fernando lucha contra el cáncer.
- 00.30 Los mejores videoclips de música

La televisión

3 a. Lee la programación de televisión.
Busca un ejemplo para cada tipo de programa poniendo al lado el número correspondiente. ¿A qué hora hay noticias? ¿Y películas o series?

1. noticias
2. deporte
3. película
4. el tiempo
5. documental
6. concurso
7. telenovela
8. serie
9. tertulia
10. dibujos animados
11. programa de actualidad
12. programa musical

b. ¿Puedes dar un ejemplo para cada tipo de programa en tu país?

c. ¿Con qué frecuencia ves la tele? ¿Qué programas te gustan más?
Clasifica los programas de la lista según la frecuencia con la que los ves y comenta los resultados.

frecuencia	programas
Regularmente:	....
De vez en cuando:	....
Raramente:	....
Nunca:	....

- Veo las noticias regularmente. Nunca veo concursos.

4, 5

10 Muy informados

Florencio "¿La televisión ideal? Pues... más deporte, sobre todo fútbol, y todos los partidos gratis en la televisión pública. En realidad me gustaría un canal sólo de fútbol y con la retransmisión de todos los partidos en directo."

Belinda "La televisión debería ser más educativa: tendría sobre todo noticias, programas culturales, documentales. Yo pondría más programas infantiles con contenidos educativos y menos violencia."

Cecilia "Mi tele ideal daría, sobre todo, entretenimiento. Yo pondría más películas, series, telenovelas y por la noche más concursos. Y también más dibujos animados para mis hijos. Quizás habría que reducir programas políticos aburridos. Es que yo veo la tele para relajarme."

Rodrigo "Una buena televisión informaría más sobre actualidad y política. También habría más tertulias con discusiones entre personas interesantes porque te dan distintos puntos de vista del mismo tema."

4 a. Lee estas opiniones sobre la tele y marca una palabra clave en cada comentario.

b. En los comentarios hay una nueva forma verbal: el condicional.
Marca las formas en el texto. Después, traduce a tu lengua las frases de la tabla.

verbos regulares	irregulares	
informar**ía**	decir – diría	La tele debería ser más educativa.
informar**ías**	hacer – haría	Yo pondría más películas y series.
informar**ía**	poder – podría	
informar**íamos**	poner – pondría	*Forma de cortesía:*
informar**íais**	tener – tendría	¿Podría decirme la hora, por favor?
informar**ían**	hay – habría	Me encantaría ir a tu fiesta, pero…

> **¿Recuerdas?**
>
> **Me gustaría** aprender a tocar el piano.
>
> Las terminaciones para el condicional se añaden al infinitivo. Los verbos irregulares cambian en la raíz, no en las terminaciones, igual que las formas irregulares del futuro.

5 a. ¿Cómo debería ser la tele según las personas de arriba?
Completa las frases y marca la opción correcta.

1. ☐ A Belinda le _gustaría_ (gustar) tener más programas educativos.
   ☐ Belinda _____ (poner) más dibujos animados para niños.
2. ☐ Según Rodrigo, la tele _____ (deber) ofrecer más deporte.
   ☐ Rodrigo _____ (ampliar) las noticias con más análisis de la actualidad.
3. ☐ Cecilia y Florencio _____ (quitar) las telenovelas.
   ☐ Cecilia _____ (cambiar) programas políticos por series y películas.
4. ☐ Para Florencio una buena tele _____ (tener) más deporte.
   ☐ Florencio _____ (quitar) programas aburridos de política.

b. La tele: ¿qué pondrías o quitarías tú?
En grupos. Se juega con una moneda. Si sale cara, dices qué pondrías en la tele. Si sale cruz, dices qué programa quitarías.

● Yo pondría más documentales.

104 | ciento cuatro

6 **a. Escucha a dos amigos que hablan de la tele.** ▶▶ 62
¿Puedes explicar la situación en una frase?

b. Lee los argumentos a favor y en contra de la tele y escucha otra vez.
¿Cuáles mencionan?
¿Quieres añadir otros?

- Con la tele no hay comunicación en las familias.
- La televisión ofrece mucha información interesante.
- Ver la tele es una actividad pasiva.
- La tele es un tema importante de conversación.
- Muchos programas tienen muy poco nivel.
- Con la tele también se aprende.
- Siempre se puede encontrar un buen programa.
- Ver la tele es una forma cómoda de relajarse.
- Hay que aprender a ver la tele, muchos no saben.
- La tele es importante para la gente que no puede salir de casa.

c. ¿Estás de acuerdo?
Un voluntario lee una de las opiniones de arriba. Tus compañeros de la derecha y de la izquierda reaccionan usando expresiones de este cuadro. Luego otro lee la siguiente opinión, y así sucesivamente.

expresar acuerdo	expresar duda	expresar desacuerdo
Estoy de acuerdo.	Depende (de)…	No estoy de acuerdo.
Sí, es cierto.	Sí, es verdad, pero…	Eso no es verdad.
Es verdad.	Es probable.	Yo creo que no.
Tienes razón.	No sé, puede ser.	No, en absoluto.

✎ 10, 11

7 **Una vida sin tele.**
¿Puedes imaginarte cómo sería tu vida sin televisión? Escribe un pequeño texto mencionando algunos aspectos que cambiarían. Luego se comparan los textos. ¿Cuáles son los cambios más mencionados?

ciento cinco | **105**

10 Muy informados

Busca en internet

8 a. La abuela de Susi quiere aprender a usar internet. ▶▶ 63
Lee y escucha el diálogo y marca las palabras que tienen que ver con el mundo de la informática. Luego relaciónalas con los símbolos de abajo.

- Susi, en la peluquería me han dicho que en internet hay una revista que se llama "Sesenta y pico", que es para gente de mi edad. Me gustaría leerla, pero no sé cómo se hace. ¿Me ayudas?
- Claro, mira, con este botón enciendes y apagas el ordenador, y la pantalla se enciende con este otro.
- Esto ya lo sabía.
- Bueno, perdona. Con el ratón haces clic aquí en este símbolo y así te conectas a internet. Y aparece el buscador google.
- Esto es nuevo. A ver, ¿qué es un buscador?
- Un programa que busca la información que quieres saber.
- ¿Y cómo lo sabe?
- Es muy fácil. Escribiendo aquí una palabra clave, por ejemplo el nombre del periódico. Mira, ya está. Si te interesa algún artículo, podemos imprimirlo. O lo puedes copiar en un documento y guardar en esta carpeta con tu nombre, "Mercedes". Haciendo clic aquí puedes abrir y cerrar tus documentos, ¿ves qué fácil?
- ¡Qué bien! Pues guárdame este artículo sobre el deporte y la tercera edad, o mejor, me lo imprimes, que ya tengo impresora.
- Sí, claro. Ya está. Mira, abuela, también tienes enlaces a otras páginas web del mismo tema.
- Cursos de natación, concurso de cocina, excursiones… ¡Cuántas cosas interesantes se descubren navegando por internet!

símbolos

- 📄 ....
- 📁 ....
- 🖨 ....
- 💾 ....
- 🗎 ....

b. La abuela de Susi ha escrito rimas para recordar el vocabulario del ordenador.
¿Puedes completarlas? ¿Cuántas puedes aprender de memoria en dos minutos?

Espera un momento,
yo guardo este cuento
en un ....

Hora tras hora
imprime la ....

Me haces el favor,
abres el ....
y buscas un actor.

Dime lo que haces
con estos ....

En la ....
del ordenador
se ve una playa
donde hace calor.

c. Piensa en tres cosas que se pueden hacer con estos verbos sin decir el verbo, tus compañeros lo adivinan.

marcar | abrir | cerrar | guardar | enviar |
borrar | copiar | encender | imprimir

- Puerta, documento y bolso.
- ¿Abrir?

✏ 12, 13

España	Latinoamérica
el ordenador	la computadora
el móvil	el celular
encender	prender

d. Escribe tres frases (verdaderas o falsas) con los verbos de arriba.
En cadena. Cada uno lee una frase. Si es verdadera, el grupo levanta el brazo derecho, si es falsa, el izquierdo.

- Para enviar un correo electrónico necesitas un sello.

106 | ciento seis

9 *"Navego por internet escuchando música."*

¿Cómo se dicen las frases anteriores en tu lengua? ¿Y qué cosas haces tú al mismo tiempo? Marca tres actividades y coméntalas.

- Conduzco escuchando música.

	A	B	C	D	E	F	G	H	I	J
A ver la tele										
B escuchar música										
C cantar										
D ducharse										
E planchar										
F hacer deporte										
G leer el periódico										
H cocinar										
I conducir		x								
J desayunar										

¿Recuerdas el gerundio?

Acción en desarrollo:
Estoy viendo la tele.

Modo:
Me informo **viendo** la tele.

Simultaneidad:
Me ducho **cantando**.

10 a. Lee el texto y marca los motivos para usar internet.

¿Para qué se usa internet? "Para leer mi correo electrónico", es la respuesta más usual a esta pregunta. Muchos lo usan también para buscar información o para chatear. Y hay cada vez más gente que se decide por este medio para comprar o para comparar precios de productos. Muchos jóvenes lo usan para bajar música o hablar gratis por "teléfono" a través de Skype.

¿Por qué lo hacen? Las respuestas más frecuentes son "porque es práctico" y "porque es rápido". Por rapidez, por comodidad, por necesidad o por trabajo, internet forma parte de nuestras vidas. ¿Te imaginas una vida hoy en día sin internet?

para	por
para mí	por necesidad / comodidad
para mis hijos	por la mañana / tarde / noche
para informarme	Damos un paseo virtual por el barrio.
para mañana	He comprado un móvil por 20 euros.

Con **para** expresamos la finalidad, el destino o el destinatario. **Por**, sin embargo, expresa el motivo, el lugar o el precio. También usamos **por** junto con verbos como **decidirse** o **interesarse**.

b. Lee las respuestas de una encuesta y completa con por o para.

1. ¿Internet? Lo necesito sobre todo .... el trabajo. .... mí es tan necesario como el teléfono, es muy importante .... buscar información. Mis hijos lo usan .... placer, ... chatear y eso… Bueno, también .... necesidad porque en el colegio también lo tienen que usar.
2. Yo lo uso sobre todo .... comprar, es que no puedo salir de casa .... problemas de salud. Es muy práctico aunque preferiría pasear .... el barrio y ver las tiendas.

c. Y tú, ¿usas internet? ¿Para qué? ¿Con qué frecuencia? ¿Podrías vivir sin usarlo?

14, 15

ciento siete | **107**

10 Muy informados

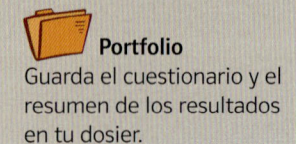

Portfolio
Guarda el cuestionario y el resumen de los resultados en tu dosier.

Tarea final La clase y los medios

Una encuesta sobre el uso de los medios en la clase.

1. La clase se divide en tres grupos. Cada grupo toma uno de los tres temas y elabora un cuestionario con unas cinco preguntas. Podéis preguntar por preferencias, frecuencia, motivos…

   Temas
   La prensa
   La televisión
   Internet

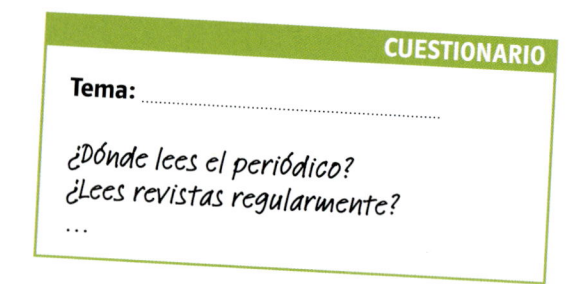

   CUESTIONARIO
   Tema: ....
   ¿Dónde lees el periódico?
   ¿Lees revistas regularmente?
   …

2. Una persona de cada grupo va a otro y hace las preguntas a los compañeros. Toma notas de las respuestas.

3. Cada "entrevistador" vuelve a su grupo con la información que ha apuntado y la comenta con sus compañeros. Luego el grupo resume la información en un texto.

4. Cada grupo presenta su texto.

La clave está en el pasado

Capítulo 8: Retrato robot

Por fin tenía una pista importante. Ya sabía dónde vivía Juan Silencio. Fui hasta la dirección, calle Aribau, 40. Era un bloque con muchos pisos en el que vivían muchas personas. Imposible encontrarlo aquí. Entonces decidí preguntar a la gente del barrio. Primero hablé con el dueño de un quiosco.
– ¿Juan Silencio? Sí, lo conozco. Colecciona novelas policíacas y viene cada semana a comprarlas.
– ¿Me lo podría describir?
– Pues, alto, delgado. Parece muy serio, siempre lleva traje y corbata.
El quiosquero no me pudo dar más informaciones, pero la camarera del bar "El cafecito", que estaba cerca de la casa de Juan Silencio, también lo conocía.
– Juan viene todas las mañanas a desayunar. Se sienta cerca de la ventana y lee el periódico.
– ¿Qué aspecto tiene?
– Es delgado, tiene el pelo negro y corto.
– ¿Lleva gafas?
– Sí. Es una lástima, porque tiene unos ojos verdes preciosos…
– Vaya, vaya. ¿Alguna característica más?
– Bueno, últimamente lleva barba.
– ¿Sólo barba?
– Sí, sólo barba, sin bigote. Una barba corta. Muy sexy.
Finalmente, como Juan Silencio parecía aficionado a la literatura, entré en una librería. La librera lo conocía también.
– El señor Silencio es un buen cliente nuestro. Es un gran lector.
La descripción de la librera coincidía con las informaciones que ya tenía, pero me dio un detalle interesante:
– Lleva un pendiente en la oreja izquierda.

Bueno. Ya sabemos mucho. ¿Has tomado notas? ¿Podrías dibujar el retrato robot de Juan Silencio?

10

De fiesta

Las fiestas de la vendimia en La Rioja

¿Quién no conoce los vinos de La Rioja?
Hola. Me llamo Begoña y soy de Logroño, la capital de La Rioja. Mi región es conocida en el mundo entero por sus magníficos vinos, sobre todo los tintos, aunque los blancos son cada vez mejores. Los vinos de la Rioja tienen la Denominación de Origen Calificada (D.O.C.), un certificado de calidad que confirma que el vino se ha producido en esta región.
Un vino de Rioja siempre es bueno, pero no es lo mismo comprar un vino de *crianza* que un vino *gran reserva*. *Crianza*, *reserva* y *gran reserva*, de menor a mayor calidad, son categorías de calidad que se definen por el tiempo que pasa el vino en el barril y en la botella.
El vino es una parte fundamental en nuestra vida y, además, marca el paisaje de La Rioja. A mí me parece hermoso, sobre todo en otoño, cuando las viñas cambian de color. Es también la época más importante, porque se realiza la vendimia, es decir, se recogen las uvas de las que después se hará el vino.
Yo diría que todos, absolutamente todos los pueblos y ciudades de La Rioja, grandes o pequeños, celebran en otoño sus fiestas de la vendimia.

Aquí, en Logroño, las fiestas de la vendimia se llaman "Fiestas de San Mateo" y empiezan el 21 de septiembre. Es una fiesta muy antigua, que se celebra desde el siglo XII. Como en todas las fiestas populares, hay música, bailes, comida…
Se come muchísimo y muy bien porque celebramos también la Feria Gastronómica.
¿Qué se come? De todo, pero lo mejor son las especialidades de la región, como las patatas con chorizo. ¡Qué ricas! Y claro, se bebe vino. El nuestro, el rioja.
Una parte preciosa de las fiestas es cuando al final se hace la "ofrenda del primer mosto". El mosto es el nombre que tiene el zumo de la uva. En la ofrenda, niños de toda La Rioja llenan la "cuba" con las primeras uvas recogidas. Después las uvas se pisan de la manera tradicional, con los pies, para sacar el mosto. Este mosto se ofrece a la patrona de Logroño, la Virgen de la Valvanera. Finalmente, se quema la cuba. ¡Es muy emocionante!

Bueno, sólo me queda brindar con vosotros con un buen vino de mi tierra.
¡Salud!

- ¿Hay fiestas del vino en tu región?
- Marca en el texto todas las palabras relacionadas con el vino. Después puedes hacer tu pequeño diccionario del vino, escribiendo una lista de las palabras con la traducción a tu lengua.

paisaje de viñas en otoño

niña llenando la cuba con uvas

patatas a la riojana

ciento nueve | **109**

10 Muy informados

Comunicación

Programas de televisión

las noticias	la telenovela	los dibujos animados
el tiempo	el documental	el programa de actualidad
el deporte	el concurso	el programa musical
la película	la serie	la tertulia

Adverbios de frecuencia

regularmente
de vez en cuando
raramente
nunca

Acuerdo

Estoy de acuerdo.
Sí, es verdad.
Es verdad.
Tienes razón.

Duda

Depende (de)…
Sí, es verdad, pero…
Es probable.
No sé, puede ser.

Desacuerdo

No estoy de acuerdo.
Eso no es verdad.
Yo creo que no.
No, en absoluto.

Ordenadores e internet

el ordenador	encender / apagar el ordenador
la pantalla	hacer clic
el botón	conectarse a internet
el ratón	navegar por internet
la impresora	marcar un texto
el CD-Rom	enviar un mensaje
el buscador	abrir / cerrar
la página web	copiar
el enlace	guardar — un documento
el programa	bajar
el documento	borrar
la carpeta	imprimir

Describir el modo

Me informo viendo las noticias de la televisión.
Haciendo clic en este símbolo abres el documento.
¡Cuántas cosas se descubren navegando por internet!

Indicar la simultaneidad de dos acciones

Mucha gente lee el periódico desayunando.
No conviene conducir hablando por teléfono.
Me ducho cantando.

Gramática

El uso de mismo

como adjetivo
el mism**o** canal
la mism**a** hora
los mism**os** programas
las mism**as** películas

como intensificador
Aquí mismo tienes un enlace interesante.
Ahora mismo empiezan las noticias.
Te mando el mensaje **hoy mismo**.
Ella misma ha diseñado su página web.

como pronombre
No es lo mismo.
Todos dicen lo mismo.
Me da lo mismo.

La preposición para

Veo la tele **para** informarme.	*finalidad, objetivo*
Pondría más programas **para** niños.	*destinatario*
He pagado la conexión **para** un mes.	*fecha límite, plazo*
Quería un billete **para** Valencia.	*destino*
Para mí la tele es algo pasivo.	*opinión*

La preposición por

Uso internet **por** necesidad.	*razón, motivo*
Compramos **por** internet.	*medio*
Pondría más películas **por** la noche.	*momento del día*
Se puede dar un paseo virtual **por** el barrio.	*lugar, paso*
Lo he comprado **por** 20 euros.	*precio*

El condicional

	hablar	ser
yo	hablar**ía**	ser**ía**
tú	hablar**ías**	ser**ías**
él / ella / usted	hablar**ía**	ser**ía**
nosotros/-as	hablar**íamos**	ser**íamos**
vosotros/-as	hablar**íais**	ser**íais**
ellos / ellas / ustedes	hablar**ían**	ser**ían**

Formas irregulares del condicional

decir	**dir-**	ía
hacer	**har-**	ías
poder	**podr-**	ía
poner	**pondr-**	íamos
salir	**saldr-**	íais
tener	**tendr-**	ían
venir	**vendr-**	

hay → **habría**

Las terminaciones del condicional son iguales para todas las conjugaciones y se añaden al infinitivo. Los verbos irregulares cambian la raíz, pero las terminaciones son regulares. Las raíces irregulares son las mismas que en el futuro.
El condicional se usa para: expresar cortesía (¿**Podría** decirme la hora, por favor?); proponer o recomendar (La tele **debería** ser más educativa.); hablar de realidades hipotéticas (Yo **pondría** más películas y series.)

¡Buen trabajo!

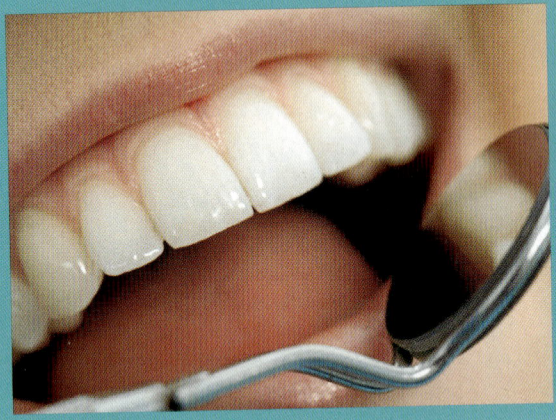

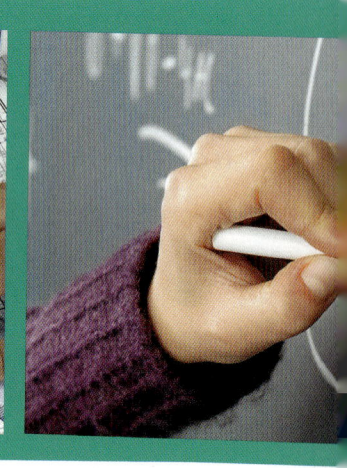

11

hablar de la situación laboral personal • valorar actividades profesionales •
redactar una carta de solicitud de empleo • ordenar sucesos en el pasado •
comunicarse con compañeros de trabajo

1 **a. Mira las fotos. ¿Cuántas profesiones puedes identificar en un minuto?**

**b. Escucha estos sonidos.
¿Con qué profesiones los asocias?** ▶▶ 64–69

1. ....
2. ....
3. ....
4. ....
5. ....
6. ....

c. Piensa en una profesión (de las que se ven en las fotos u otras).
Tus compañeros te hacen preguntas para identificarla. La respuesta puede ser solamente **sí** o **no**.

vender productos
atender a clientes
organizar
reparar cosas
transportar
producir algo
cuidar a personas

● ¿Trabaja en una oficina?
○ No.
● ¿En una tienda?

ciento trece | **113**

11 ¡Buen trabajo!

¿A qué te dedicas?

2 a. El trabajo, ¿vocación o necesidad?
Lee lo que dice esta persona. ¿Está contenta con su trabajo o no? ¿Por qué?

Por nada del mundo

Me llamo Mariluz, soy médica en el Hospital Clínico Universitario en Santiago de Chile.
Mi trabajo es para mí más que una simple profesión: es una vocación, mi pasión desde pequeña. Por eso no fue problema estudiar tantos años, los exámenes, el trabajo mal pagado al principio. Y sí, a veces es duro: muchas horas de trabajo, demasiados pacientes, turnos de noche, el estrés. Pero estoy ayudando a la gente y tengo la sensación de hacer algo bueno e importante, y eso para mí es fundamental. ¡No cambiaría mi profesión por nada del mundo!

b. Apunta los aspectos positivos y negativos que menciona de su profesión.
¿Puedes añadir otros aspectos?

- ⊕ ....
- ⊕ ....
- ⊕ ....

- ⊖ ....
- ⊖ ....
- ⊖ ....

c. Escucha a otra persona que habla de su trabajo. ¿Qué es diferente? ▶▶ 70

3 Condiciones de trabajo.
Busca por lo menos a una persona para cada aspecto.

¿Quién de la clase…	nombre
– es empleado en una empresa?	
– es autónomo?	
– trabaja a tiempo completo?	
– trabaja a tiempo parcial?	
– tiene horario fijo?	
– tiene horario flexible?	
– trabaja por turnos?	
– tiene un trabajo manual?	
– está satisfecho con su sueldo?	
– no cambiaría su trabajo por nada del mundo?	

¿Tu trabajo te da satisfacción?

4 **a. ¿Jefe simpático o trabajo interesante? ¿Qué es más importante para ti?**
¿Y para los españoles? Lee el texto y el diagrama.

Ser feliz en el trabajo: ¿misión imposible?

El trabajo es una parte fundamental en la vida de las personas, para algunas quizás la más importante. Por eso nuestra calidad de vida depende también de nuestro trabajo. ¿Qué nos hace ser felices en el trabajo?
La revista *Tiempo* ha elaborado una encuesta entre trabajadores españoles. Los resultados son sorprendentes: muchos piensan que el sueldo es lo más importante, pero no es tan importante como la calidad del trabajo y el buen ambiente. Otros factores, como la seguridad y tener un buen jefe no tienen tanta importancia como se pensaba.

Texto adaptado de Tiempo

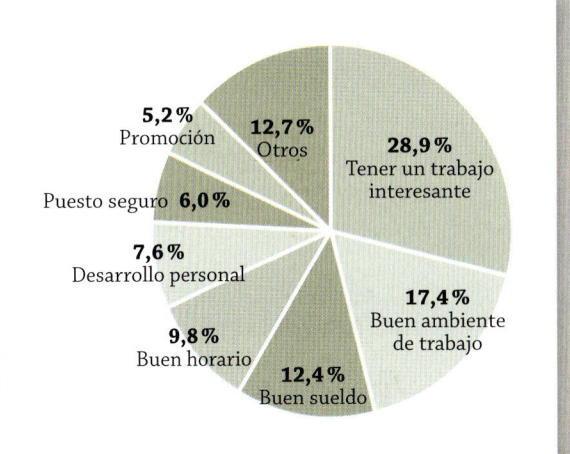

- 5,2 % Promoción
- 12,7 % Otros
- 28,9 % Tener un trabajo interesante
- 6,0 % Puesto seguro
- 7,6 % Desarrollo personal
- 17,4 % Buen ambiente de trabajo
- 9,8 % Buen horario
- 12,4 % Buen sueldo

b. En un programa de radio se comentan los resultados de la encuesta. ▶▶ 71
Escucha y marca los factores que se mencionan. ¿De qué otros factores se habla?

c. ¿Y qué es importante para ti?
Elige cinco de estos aspectos y ordénalos de más a menos importantes. Luego coméntalos con tus compañeros. ¿Cuáles son los cinco aspectos más importantes para la clase?

tener responsabilidad | tener buen ambiente de trabajo | tener prestigio | sentirse útil | tener un puesto fijo | recibir reconocimiento | buen sueldo | posibilidad de promoción | buen horario | trabajo interesante / variado | muchas vacaciones | …

5 **a. ¿Cómo es tu día de trabajo?**
Aquí tienes una lista de actividades típicas. Haz un diagrama con tus actividades y coméntalo con un compañero. Pregunta a tu profesor si necesitas alguna palabra.

- Paso la mitad del día hablando con clientes.

coordinar / organizar
visitar clientes
hacer contactos
trabajar en equipo
leer / escribir informes
calcular algo

hablar por teléfono
escribir correos electrónicos
archivar documentos / facturas
asistir a reuniones
presentar proyectos
otros: ....

Mi día de trabajo

b. Mi trabajo y yo.
Escribe en un papel un texto presentando tu trabajo con aspectos positivos y negativos, pero no escribas tu nombre. Tu profesor recoge los papeles y los reparte. ¿Sabes de quién es el texto que has recibido?

✏ 1–4

porcentajes
10 % el / un diez por ciento

cantidades
½ la mitad
⅓ un tercio, dos tercios
¼ un cuarto, tres cuartos

hablar del trabajo
Trabajo en…
Soy responsable de…
Me encargo de…

11 ¡Buen trabajo!

El español al lado de casa

6 **a.** ¿Hay posibilidades de hablar o escuchar español en tu ciudad? ¿Cuáles? Haced una lista en la pizarra.

b. Lee el artículo y completa la tabla con la información del texto.

	el correo electrónico	la página web	la revista
público			
contenido			
objetivo			

PERSONAS E IDEAS // La Guía

La Guía – una historia de éxito

La Guía es una revista de noticias, entrevistas e informaciones para los hispanohablantes que viven en la región de Fráncfort.

La revista empezó en 1999 como correo electrónico que Claudio Blasco enviaba a sus alumnos para informarles de los eventos relacionados con el mundo hispanohablante en la región: cine, música, literatura… "Lo hice para mostrarles que el español era algo que podían usar también aquí y porque ya me había dado cuenta del interés por la lengua y sus posibilidades de uso."

Ese correo electrónico, que había empezado con 40 lectores, llegó a 500 en pocos años. El siguiente paso fue una página web con informaciones que también interesaban a los hispanohablantes que viven en esa región, como por ejemplo médicos o abogados que hablan español, direcciones de consulados y de tiendas donde se pueden comprar productos de sus países.

Finalmente, en 2008, Claudio decidió crear una revista en papel. "Era algo que ya me habían pedido muchos de los lectores." *La Guía* aparece cada dos meses y tiene una tirada de 5.000 ejemplares. "Antes lo hacía todo yo solo, pero ahora tengo un equipo de colaboradores." Además del calendario de eventos y de direcciones útiles, *La Guía* ofrece también entrevistas y pequeños reportajes. Y algo más: detrás de esta revista hay un concepto y una filosofía que Claudio nos explica así: "Una de nuestras metas es la integración de los hispanohablantes en Alemania. Mejorar nuestra imagen mostrando la riqueza de nuestras culturas y presentando historias de personas que viven y trabajan con éxito en esta región." La historia de *La Guía* es también una historia de éxito. ■

MUY PERSONAL

Nombre Claudio Blasco, argentino
1977 Llegada a Alemania
1979 – 85 Estudios de Ciencias Económicas
1988 Traductor, profesor de español
2000 – 06 Empleado en Deutsche Bank
2008 Editor de la revista *La Guía*

Curiosidad
Cuando llegó a Alemania, tuvo que aprender alemán porque antes no había tenido contacto con esta lengua.

7 **a. ¿Correcto o falso? Busca las informaciones en el artículo.**

1. Antes de llegar a Alemania, Claudio no había aprendido alemán.
2. Cuando empezó en el Deutsche Bank, ya había terminado sus estudios.
3. Cuando creó la página web, el correo electrónico había llegado a 500 lectores.
4. En 2008 creó una revista en papel porque mucha gente se lo había pedido.
5. Antes de crear la revista ya había buscado un equipo de colaboradores.

b. En el texto y las frases anteriores hay un tiempo nuevo: el pluscuamperfecto.
Marca las formas en las frases de arriba y completa la regla.

	haber	participio
yo	había	
tú	habías	formado
él / ella / usted	había	tenido
nosotros/-as	habíamos	pedido
vosotros/-as	habíais	sido
ellos/-as / ustedes	habían	

Antes de llegar a Fráncfort, Claudio no **había aprendido** alemán.
El correo electrónico, que **había empezado** con 40 lectores, llegó a 500 en pocos años.

El pluscuamperfecto se forma con el .... de **haber** y el ....
....
Se usa para hablar de acciones que ocurrieron antes de otra acción o suceso en el pasado.

8 **a. Ignacio Romero busca trabajo como colaborador de** La Guía. **Ayer tuvo una entrevista de trabajo. ¿Qué había hecho antes? Ordena los pasos.**

- ☐ leer el anuncio del periódico
- ☐ escribir el currículum
- ☐ informarse sobre la revista
- ☐ confirmar la cita para la entrevista
- ☐ enviar el CV con la carta de solicitud
- ☑ comprar el periódico (1)
- ☐ hacerse fotos
- ☐ comprarse un traje
- ☐ ir a la peluquería
- ☐ comentarlo con amigos

b. En cadena, contad la historia del final al principio.

- Antes de llegar a la entrevista, ya había confirmado la cita.
- Antes de confirmar la cita…

9 **¿Y tú? ¿Cómo ha sido tu vida profesional hasta ahora?**
Cada uno comenta una experiencia combinando los elementos de las columnas.

| Antes de | terminar mis estudios
aprender español
empezar a trabajar
estar en mi empresa actual
tener este jefe
pedir un aumento de sueldo | ya
todavía no
nunca | hacer unas prácticas
trabajar en… / como…
escribir muchas cartas de solicitud
ser responsable de…
tener buen ambiente laboral
… |

✏ 5-7

En España:
un puesto de prácticas
En Latinoamérica:
un puesto de pasante

ciento diecisiete | 117

11 ¡Buen trabajo!

OFICINA DEL PEREGRINO en Galicia ofrece prácticas durante el Año Santo.
Requisitos:
– estudiantes entre 18 – 25 años
– conocimientos de inglés o francés
– don de gentes
Duración: 1 de mayo a 15 de octubre
Remuneración: 500 € / mes
Solicitudes: www.caminosantiago.org

Viajes Trotamundo
Asistente de dirección

Perfil:
– diplomado en turismo
– experiencia mínima de 2 años
– buen nivel de inglés
– conocimiento a nivel de usuario del paquete Office
Ofrecemos:
– contrato fijo
– posibilidad de promoción
Interesados enviar currículum a c.rocio@viajestrotamundo.es

Prácticas hotel

Hotel de **** en Málaga busca estudiante de turismo para su departamento financiero.

Se requiere:
• buena presencia
• inglés hablado y escrito
• conocimientos básicos de administración
• ganas de aprender

Se ofrece
• puesto de prácticas (3 meses)
• horario flexible
www.muchoviaje.es

Asunto: solicitud de puesto de prácticas

Estimados señores:

En respuesta a su anuncio publicado en "Muchoviaje" el 30 de marzo, me dirijo a ustedes para solicitar un puesto de prácticas.

Soy estudiante de Ciencias Económicas en la Universidad de Viena en el quinto semestre. Este año estoy en España con el programa de intercambio universitario Erasmus.
Soy una persona trabajadora, responsable, organizada y con muchas ganas de aprender. Como puede ver en mi CV, ya tengo experiencia laboral y me interesa especialmente ampliar mis conocimientos en el sector de turismo y hostelería. Tengo buen nivel de español y de inglés hablado y escrito. Estaría disponible desde el uno de mayo hasta el 30 de septiembre.

Les agradecería la oportunidad de presentarme personalmente. Para cualquier información estoy a su entera disposición.

A la espera de recibir una respuesta favorable, les saluda atentamente

Julia Engel

PD: Adjunto CV y certificados académicos

Me voy de prácticas

10 **a.** Julia, una estudiante austríaca, contesta a uno de estos anuncios. Lee su carta de solicitud. ¿Qué puesto le interesa?

b. Completa la ficha de la jefa de personal.

Candidata: Julia Engel
Estudios: ....
Idiomas: ....
Cualidades: ....
Experiencia: ....
Disponibilidad: ....

c. ¿Y tú? ¿A qué anuncio responderías? Escribe una carta.

---

números ordinales

1°	primero	1ª	primera
2°	segundo	2ª	segunda
3°	tercero		...
4°	cuarto		
5°	quinto		
6°	sexto		
7°	séptimo		
8°	octavo		
9°	noveno		
10°	décimo		

8, 9

118 | ciento dieciocho

11 **a. Cuando Julia empezó las prácticas, le pasaron muchas cosas.**
¿Qué pasó realmente? Marca la información que corresponde a la primera frase.

1. Cuando Julia entró en la sala, ya había empezado la reunión.
   - [ ] Julia llegó puntual.
   - [ ] Julia llegó tarde.

2. Cuando Julia llegó al restaurante, sus compañeros ya se habían ido.
   - [ ] Julia vio a sus compañeros.
   - [ ] Julia no vio a sus compañeros.

3. Cuando Julia hizo la presentación, se rompió el ordenador.
   - [ ] El ordenador se rompió antes de la presentación.
   - [ ] El ordenador se rompió durante la presentación.

4. Cuando Julia dejó la empresa, encontró otro trabajo.
   - [ ] Julia dejó la empresa porque tenía otro trabajo.
   - [ ] Julia encontró otro trabajo después de dejar la empresa.

b. Julia tiene mucho que hacer, todos le piden algo. 72–77
Escucha y pon el número del diálogo correspondiente.

- [ ] Las fotocopias ya están hechas.
- [ ] El teléfono está desconectado.
- [ ] Los vuelos ya están reservados.
- [ ] La carta de reclamación está escrita.
- [ ] La máquina de café está rota.
- [ ] La sala de reunión está cerrada.

estar + participio

- ¿Has **hecho** las fotocopias?
- Sí, ya están **hechas**.
- ¿Has **reservado** los vuelos a Lima?
- Ya están **reservados**.

Con **estar** + participio indicamos el resultado de una acción. En este caso, el participio concuerda en género y número con el sustantivo.

12 **Y para terminar... ¡A jugar!**
¿Conoces el tres en raya? La clase se divide en dos grupos (cruz y círculo). Por turnos, cada grupo elige una casilla y contesta. Si la respuesta es correcta, pueden poner su símbolo. El objetivo es "ganar" 3 casillas en una línea (vertical, horizontal o diagonal).

tres en raya

O		O
	X	X
		X

Medico: tres aspectos positivos de esta profesión.	¿Sabes quién de tu grupo tiene horario fijo? Nombra dos aspectos positivos.	¿Qué trabajos están mal pagados en tu país?
Habla un minuto sobre tu trabajo.	"Claudio Blasco decidió crear *La Guía* porque..." Menciona dos motivos.	Tres profesiones que empiezan con la letra "C".
¿Cómo se dicen en español las profesiones de cada persona de tu grupo?	Menciona tres cualidades importantes para conseguir trabajo.	Profesor: tres aspectos negativos de esta profesión.

10

ciento diecinueve | **119**

11 ¡Buen trabajo!

Portfolio
Guarda tu anuncio en tu dosier.

Tarea final   Intercambio de trabajitos

Una bolsa de intercambio de trabajos.

1. Piensa en tu trabajo y también en tus actividades de tiempo libre o en las cosas que sabes hacer. Luego escribe un anuncio ofreciendo tus servicios (p. ej.: ayuda con el ordenador, escribir cartas en inglés, ayudar en la mudanza…).

2. Se exponen las ofertas de trabajos o servicios. Todos las leen y buscan lo que les interesa. Negocian con la persona que ofrece el servicio (intercambio de servicio o precio, condiciones, cuándo, qué necesita, cuánto tiempo…).

3. ¿Qué anuncio ha tenido más éxito?

¿Poco tiempo? ¿Profesor muy estricto?
Ofrezco ayuda para tus deberes del curso.

Cocinera excelente hace tartas y pasteles para su fiesta.
Experiencia: 3 hijos, 5 nietos.
Especialidad en chocolate y frutas.

¿Problemas con el ordenador?
Informático simpático te ofrece ayuda.

La clave está en el pasado

Capítulo 9: ¿Dónde está "la fórmula"?

Esperé varias horas delante de la puerta del edificio hasta que, por fin, apareció Juan Silencio. Entró en la casa y yo lo seguí. Vivía en el segundo piso. Toqué el timbre y él abrió la puerta.
– ¿Es usted el señor Juan Silencio? – le pregunté.
– Sí. ¿Y usted quién es?
– Soy la detective Alba Serrano y la persona que me acompaña es mi asistente – respondí.
– ¿Qué quieren?
– Sabemos que usted y su banda robaron "la fórmula". Entramos en el piso y nos sentamos en el salón. Inconscientemente tomé un libro que estaba sobre una mesita. Era grande, de colores vivos, con una foto de las manos de un guitarrista en la portada.
– ¿Cómo lo han sabido? – preguntó Juan Silencio.
– Uno de sus cómplices, el vigilante del museo, confesó. Y también hablamos con uno de los miembros de la banda, Carmen Sinabla.
– Vaya – dijo. – ¡Qué mal lo hemos hecho si nos han descubierto tan rápido. Pero en realidad me alegro.
– ¿Por qué?

– Porque después de robar "la fórmula", la leí y esto me hizo recordar lo maravilloso que es aprender lenguas.
– ¿Qué hizo con "la fórmula" después de robarla?
– La escondí – dijo Juan Silencio – porque de pronto tuve miedo.
– ¿Miedo? ¿De qué?
– De los otros miembros de mi banda, los monolingües. Algunos son muy radicales y querían destruir "la fórmula".
– ¿Dónde la escondió?
Juan Silencio no respondió sino que hizo otra pregunta:
– ¿Cuál es el mejor lugar para esconder un papel?
Pensé un momento y le dije:
– Otros papeles.
– Correcto. Entonces, la siguiente pregunta. ¿Qué es lo mejor que se puede hacer con papel?
Esta vez no tuve que pensar, respondí inmediatamente.
– Libros.
– Correcto también. Una última pregunta. ¿Qué libro tiene usted ahora mismo en las manos?

¡Allí estaba la fórmula! Escondida en ese libro. Pero, ¿dónde? ¿Lo sabes tú?

De fiesta

El Día de los Muertos en México

Flores de todos los colores, música, comida, bebida y ¡esqueletos! Es el Día de los Muertos, una de las fiestas más importantes de mi país, México.
Me llamo Blanca Alicia Merino, soy de Puebla en México y enseño español en Berlín.

Para personas de otras culturas, la muerte es un tema triste, un tema tabú del que no se habla. Para nosotros, los mexicanos, es un tema cotidiano que vemos incluso con un poco de humor y de ironía. No entendemos la muerte como un final, sino como una transición de una dimensión a otra, en la que viven los muertos. Como muchísimas fiestas en Latinoamérica, tiene su origen en las culturas indígenas, que creían que un día al año los muertos volvían al mundo para visitar a sus familiares vivos. Por eso, la celebración del Día de los Muertos es una de las grandes fiestas y tiene aspectos alegres.

Celebramos la fiesta del 31 de octubre al 2 de noviembre. ¿Cómo es? La parte más importante son las "ofrendas": en las casas instalamos altares en honor a los familiares muertos, decorados con flores, velas y fotos. Durante esos días nos sentamos ante los altares para recordarlos. También se pone su comida y bebida preferida para darles la bienvenida. Un elemento que no puede faltar y que me parece fascinante son los símbolos de la muerte: esqueletos y calaveras. Los dulces tradicionales que se comen en estos días tienen también esta forma. En las pastelerías se venden calaveras de azúcar o de chocolate y el famosísimo "pan de muerto", que es el dulce más popular.
Las calles están decoradas también con muchas flores y los motivos tradicionales de la fiesta, los esqueletos y las calaveras. Aunque la muerte es triste, usamos colores alegres y estamos de buen humor. La noche del último día celebramos la fiesta en los cementerios.

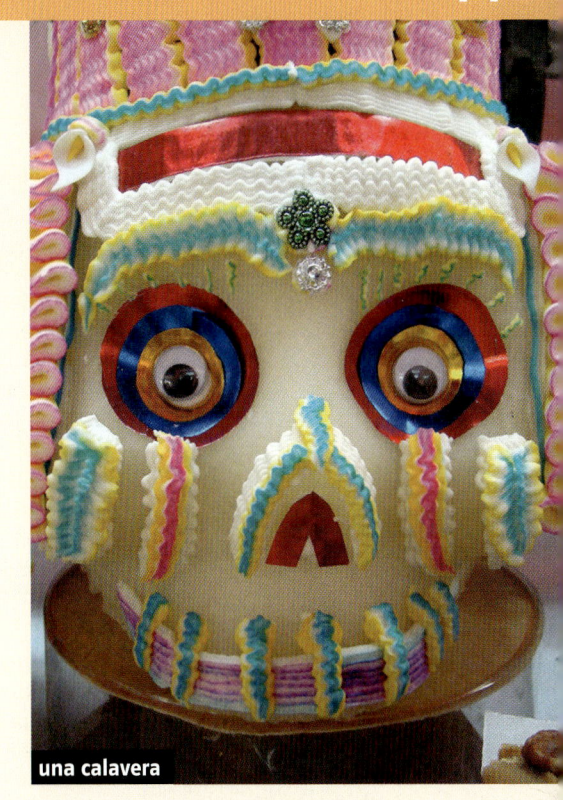

una calavera

en el cementerio

Decoramos las tumbas con flores de colores vivos, la flor preferida es la caléndula, pero en México decimos "cempasúchil" o flor de los muertos. Todo el cementerio está cubierto de estas flores de color naranja y su aroma sirve –según la tradición– de guía a los muertos. Nos reunimos todos para comer y beber con nuestros antepasados. Todo el cementerio está iluminado. A veces incluso se canta y se baila. Así nos despedimos de nuestros muertos hasta el próximo año. Como ve, se trata de una celebración muy diferente a las tradiciones de otros países. Por su antigüedad y su importancia cultural, el Día de los Muertos fue declarado Patrimonio Cultural de la Humanidad por la UNESCO.

■ *Compara esta fiesta con el "Día de Todos los Santos" en tu país. ¿Tienen algo en común? ¿Qué es diferente? Enumera dos aspectos comunes y dos diferencias.*

11 ¡Buen trabajo!

Comunicación

Describir el trabajo y las condiciones laborales

Soy empleado/-a.
Soy autónomo/-a.
Tengo un puesto fijo.
Trabajo a tiempo completo / parcial.
Tengo horario fijo / flexible.
Trabajo por turnos.
Tengo un trabajo manual.
Trabajo en equipo.

Tener mucha responsabilidad.
Tener un buen sueldo / prestigio.
Tener un buen ambiente de trabajo.
Tener reconocimiento. / Sentirse útil.

Funciones y actividades en el trabajo

coordinar / organizar
atender a clientes
atender a pacientes
cuidar a personas
leer / escribir informes
asistir a reuniones
calcular cosas
archivar documentos
escribir facturas
presentar proyectos
reparar cosas
producir / vender productos

Habilidades y características de un trabajador

tener + sustantivo	ser + adjetivo
conocimientos de…	diplomado/-a en…
experiencia en…	organizado/-a
don de gentes	responsable
buena presencia	trabajador/a
ganas de aprender	ordenado/-a

Características de un empleo

contrato fijo
contrato de tres meses
puesto de prácticas
posibilidad de promoción

Redactar una carta de solicitud de empleo

Encabezamiento	Estimados señores:
Motivo de la carta	En respuesta a su anuncio… Me dirijo a usted(es) para solicitar un puesto de prácticas.
Presentarse	Soy estudiante de… Soy una persona… Tengo experiencia laboral y me interesa…
Disponibilidad	Estaría disponible desde el… hasta el… / a partir de…
Cierre	Le(s) agradecería la oportunidad de presentarme personalmente. Para cualquier información estoy a su entera disposición.
Fórmula de despedida	A la espera de recibir una respuesta favorable, le(s) saluda atentamente.

Gramática

Porcentajes

10 %	el diez por ciento / un diez por ciento
12,3 %	el / un doce coma tres por ciento

Cantidades

½	la mitad
⅓	un tercio
⅔	dos tercios
¼	un cuarto
¾	tres cuartos

Números ordinales

1°	primero	1ª	primera
2°	segundo	2ª	segunda
3°	tercero	…	
4°	cuarto		
5°	quinto		
6°	sexto		
7°	séptimo		
8°	octavo		
9°	noveno		
10°	décimo		

El participio

pretérito perfecto: participio invariable
¿**Has hecho** las fotocopias?
¿**Has reservado** los vuelos a Lima?
¿**Has escrito** la carta de reclamación?

Junto con el verbo **haber**, el participio se utiliza para formar el pretérito perfecto. En este uso, es invariable.

Estar + participio

estar + participio: participio variable
Las fotocopias ya **están hechas**.
Los vuelos ya **están reservados**.
La carta de reclamación **está escrita**.

Con **estar** + participio expresamos el resultado de una acción. En este caso, el participio se usa como adjetivo y concuerda en género y número con el sustantivo al que se refiere.

El pluscuamperfecto

	imperfecto de haber	participio
yo	había	
tú	habías	formado
él / ella / usted	había	tenido
nosotros/-as	habíamos	pedido
vosotros/-as	habíais	sido
ellos / ellas / ustedes	habían	

El pluscuamperfecto se usa para hablar de acciones que ocurrieron antes de otra acción o suceso en el pasado:
Antes de llegar a Fráncfort, Claudio no **había aprendido** alemán.
En 2008 creó la revista porque mucha gente se lo **había pedido**.

Mirador

Hablamos de cultura: en el trabajo

1 a. ¿Qué haces o no haces tú?
Marca una alternativa según tu opinión. No hay respuestas correctas o incorrectas.

1. Mis compañeros de trabajo
   - ☐ son solo colegas. No mezclo el trabajo con la vida privada.
   - ☐ son también amigos. Hacemos cosas juntos en nuestro tiempo libre.

2. Hablar de cosas privadas con colegas
   - ☐ no me parece adecuado.
   - ☐ lo hago sólo si son mis amigos.
   - ☐ para mí es una cosa normal.

3. Creo que en el trabajo el aspecto exterior
   - ☐ es importante: hay que vestirse bien o maquillarse.
   - ☐ depende de la profesión.
   - ☐ da igual, lo importante es trabajar bien.

4. Para comer con clientes de la empresa
   - ☐ voy a la cantina o pido unos bocadillos para no perder tiempo.
   - ☐ voy a un restaurante.

5. Para comunicarme con colegas de mi empresa prefiero
   - ☐ escribirles un correo electrónico.
   - ☐ llamarlos por teléfono.
   - ☐ ir a su despacho y hablar directamente con ellos.

b. Escucha a unos hispanohablantes. ▶▶ 78
¿Hay diferencias con tus respuestas? ¿Y entre las personas que hablan?

c. Lee el texto. ¿Qué otros aspectos sobre el trabajo se mencionan?

Trabajar en España

En general, la jornada laboral en España son ocho horas, pero mucha gente se queda en la oficina más tiempo. ¿Qué hace la jornada tan larga? Dos aspectos importantes son el trato amable con los compañeros de trabajo y la larga pausa para el almuerzo.

El trato con los compañeros significa emplear tiempo con ellos. No sólo se habla de temas laborales, sino también personales, por ejemplo: "¿Qué tal el fin de semana?", "¿Nos tomamos un café y te cuento lo que me pasó ayer?"
La larga pausa para el almuerzo, con café incluido, puede durar dos horas: es muy bueno para la salud, pero consume tiempo.
Algunos trabajadores envidian los horarios de otros países de Europa. Cuando llega el calor, muchas empresas permiten a sus empleados hacer "horario de verano", que es trabajar de ocho a tres de la tarde.

12

similitudes y diferencias culturales • autoevaluación • una imagen como actividad de expresión oral • estrategias de aprendizaje

Ahora ya sabemos…

Aquí tienes la posibilidad de valorar lo que has aprendido en las últimas lecciones. Marca el nivel que crees tener en cada tema. Luego haz las tareas y compara los resultados con los de un compañero o pregunta a tu profesor si no estás seguro.

2 Hablar sobre medios de comunicación.
Lee las respuestas de una encuesta y marca si las personas están de acuerdo (A), en contra (C) o dudan (D).

1. Yo también creo que en cien años nadie leerá en papel.
2. ¡Qué va! Seguiremos leyendo libros y comprando el periódico. ¡Seguro!
3. Sí, bueno, es probable. Pero no sé si todo el mundo tendrá acceso a internet.
4. Estoy totalmente de acuerdo. Para el medio ambiente sería mejor dejar de imprimir.
5. No sé. Yo creo que no. La gente ya tiene que usar el ordenador todo el día.
6. Por supuesto. Los nuevos medios son cada vez más importantes.
7. Para algunas cosas sí utilizaremos el ordenador, para otras no. Depende.
8. Puede ser. La verdad es que no me interesa mucho el tema.

3 Hablar del trabajo. ▶▶ 79
Lee estas respuestas. Después escucha las preguntas 1 – 4 y pon el número en la respuesta adecuada.

Haz lo mismo con las preguntas 5 – 8. ▶▶ 80

- ☐ Sí, pero estoy bastante nerviosa.
- ☐ Parece responsable y trabajador. Y con mucha experiencia.
- ☐ Tendrá unos treinta años, pienso.
- ☐ Bueno, el sueldo no es lo más importante. Tengo responsabilidad y me siento útil.

- ☐ Aburridísimo. Me paso la mitad del día escribiendo listas.
- ☐ Sí, y siempre está de buen humor.
- ☐ Los vuelos están reservados y el hotel también.
- ☐ Está disponible a partir de junio.

4 Hablar del futuro.
¿Cómo te imaginas que será la sociedad dentro de 20 años? Escribe un pequeño texto. Puedes tener en cuenta estos aspectos.

¿Cómo trabajaremos?
¿Cómo pasaremos el tiempo libre?
¿Qué nuevos problemas habrá?
¿Cuáles de los problemas de hoy se solucionarán?

La sociedad del futuro

En mi opinión, la sociedad de mi país será bastante diferente. En el mundo profesional habrá muchos cambios. Por ejemplo, los nuevos medios tendrán mucha influencia y nos jubilaremos más tarde…

Además, pensaremos más en el medio ambiente y…

12 Mirador

Terapia de errores

5 a. Errores de interferencia.
Un tipo especial de errores son los que hacemos por influencia de nuestra lengua materna. ¿Puedes encontrarlos en estos diálogos que contienen errores típicos de estudiantes alemanes? Luego corrígelos, compara tu versión con la de un compañero y explica tus cambios.

1. • Tenemos que comprar un regalo para Elena. Es que lunes tiene cumpleaños.
    ○ ¿Qué te parece un perfume o un buen diccionario?
    • No sabemos cuál perfume usa, un diccionario me gusta mejor.

2. • Mira, me he comprado este vestido para la fiesta. ¿Cómo te gusta?
    ○ Es bonito, pero el amarillo no te queda bueno. ¿No lo tenían en un otro color?

3. • ¿No llevas un secador al balneario? En el Corte Inglés los tienen en oferta para 20 €.
    ○ No es necesario, seguro que está también uno en el hotel.

b. ¿Qué trucos se pueden utilizar para evitar errores?
Haced una lista con todas las ideas del grupo. ¿Qué nuevos trucos quieres probar?

Una imagen que da que hablar

6 a. Mira la imagen.
Elige a una persona y haz suposiciones sobre su edad, familia, gustos, trabajo y vida privada. Luego preséntala a tus compañeros.

b. Una nueva empleada.
Alguien que va a trabajar en esta empresa habla con una de las personas de la imagen para saber qué le espera. En parejas, escribid un diálogo entre los dos. Si queréis, podéis representarlo después.

Aprender a aprender

7 **Entender más.**
¿Te cuesta entender el CD? No te preocupes, escuchar textos de un CD no es como participar en una conversación donde ves a la persona con quien hablas. Si no entiendes algo, puedes decir "Perdón, no entiendo" o "¿Puede repetirlo?". ¿Cómo entrenarse para comprender mejor? ¿Recuerdas a los hispanohablantes de "Hablamos de cultura"? Marca lo que has hecho antes, durante y después de escuchar.

Antes de escuchar
☐ me aseguro que entiendo la situación.
☐ pienso en lo que sé sobre el tema.

Al escuchar
☐ me concentro en lo que entiendo.
☐ no me fijo en lo que no entiendo para no perder el hilo.
☐ apunto palabras clave para recordar mejor.

Después de escuchar
☐ vuelvo a pensar en todo lo que he entendido.
☐ pienso qué podría significar lo que no he entendido.
☐ vuelvo a escuchar el cedé.

8 **Expresiones útiles en español.**
Estas expresiones aparecen con frecuencia en una conversación. ¿Y si las aprendes de memoria? Puedes repetirlas en voz alta delante del espejo, cantarlas o gesticular mucho al decirlas para recordarlas mejor.

Para empezar:
Oiga. / Oye. | ¿Qué cuentas? |
¿Qué tal? | ¡Qué frío hace!

Para seguir:
¿De verdad? | ¡Qué bien! |
¡No me digas! | ¿Y eso? | ¡Qué horror!

Para llenar una pausa:
Pues… | Bueno… | A ver… | ¿Sabes?

Para dar su opinión:
Pues yo creo que sí / que no. |
¡Qué va! | Desde luego. | Por supuesto.

¡Enhorabuena! Has llegado al final del A2, pero la aventura continúa. Te esperamos en el siguiente nivel con más temas interesantes para seguir conociendo el mundo del español. ¡Nos vemos!

SI QUIERES CONSOLIDAR EL NIVEL A2, TE RECOMENDAMOS:

PREPARACIÓN
PARA EL DELE

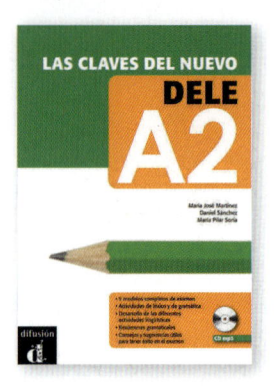

Las claves del nuevo
DELE A2

SI QUIERES EMPEZAR CON EL NIVEL B1, TE RECOMENDAMOS:

PREPARACIÓN
PARA EL DELE

Las claves del nuevo
DELE B1

Y ADEMÁS:

NUEVA APP DE GRAMÁTICA ESPAÑOLA PARA IPAD Y TABLETAS ANDROID

http://appdegramatica.difusion.com

Mejora fácilmente tu español

Gramática Española es la *app* que te ayudará a dominar la gramática española

Disponible en el App Store

DISPONIBLE EN Google play